学术祛魅

实证研究十讲

马亮 —— 著

中国人民大学出版社
·北京·

前 言

这本书是基于我在"学术志"的网络课程"实证研究必备30讲：一门课搞懂选题、方法与写作"完成的，是一本有关实证社会科学研究方法的入门级读物，可以帮助刚刚接触社会科学研究的"小白"搞清楚如何做研究。书中列举了大量有趣的实例，相信那些对社会科学研究感兴趣的读者也会有所收获。

全书按照社会科学研究的一般流程展开，包括如何做好实证研究（第一章），如何选题（第二章），如何检索、阅读和评判学术文献（第三章），如何构建和发展理论（第四章），如何测量变量（第五章），定量、定性和混合研究的研究设计如何展开（第六、七章），统计数据和质性资料的分析策略有哪些（第八章），如何撰写学术论文（第九章），以及需要注意哪些学术规范和研究伦理（第十章）。

书中的每一章对应一讲，基本上相当于一个学期的课程容量。希望这本书可以讲清楚一项科学研究如何启动、一篇学术论文如何创作，并回答人们在社会科学研究中经常遇到的基本问题。

我之所以会出版这本书，主要是为了总结自己多年上研究方法课程积累的教学心得，并让未来的教学可以更加轻松顺畅。自2015

学术祛魅：实证研究十讲

年加入中国人民大学以来，我每年都面向本科生、硕士生、博士生、在职研究生和留学生讲授各类研究方法课程。

一直以来，我都没有完全依赖某本教材，而是不断总结和完善我对研究方法的认识，并形成了自己的一套课程讲义。基于这套课程讲义，我完成了这本书，并希望在未来可以将其用于研究方法课程的授课。我认为，与其一遍遍苦口婆心地给学生反复讲授某个问题，不如通过教材来固化相关知识，让他们可以通过读书找到答案。

这本书参考了大量相关资料，我都在文末参考文献中列出了。对社会科学研究方法感兴趣的读者，可以按图索骥，继续阅读这些文献并深化对社会科学研究的理解。有关社会科学研究方法的教材汗牛充栋，多一本少一本好像无关大碍。但是和同类社会科学研究方法教材相比，这本书有自身的特色。

这本书所展现的内容，是我基于多年社会科学研究方法课程的教学积累形成的一套知识体系，也是我多年摸索实证社会科学研究实践而形成的一种研究价值取向。一定意义上，我希望完成对社会科学研究方法的"祛魅"，揭开它的面纱，用浅白的语言讲清楚它的内在逻辑、策略、诀窍和注意事项。

这或许能帮助更多人理解社会科学研究方法，并拿起各种各样的社会科学研究工具，来研究我们生于斯、长于斯的这个复杂社会。当然，和任何著作一样，这本书也难免挂一漏万，存在这样那样的错误和不足。欢迎读者通过各种方式与我联系，并批评指正。

马亮
2025 年 5 月

目 录

导　言　做有价值的社会科学研究 ⋯⋯⋯⋯⋯⋯ 1
　一、社会科学研究出现"精致的平庸" ⋯⋯⋯⋯⋯ 3
　二、毫无意义的研究大行其道 ⋯⋯⋯⋯⋯⋯⋯⋯ 6
　三、社会科学研究如何跳出"规范的陷阱" ⋯⋯⋯ 9
　四、本书希望回答的问题 ⋯⋯⋯⋯⋯⋯⋯⋯⋯⋯ 12

第一章　社会科学的研究方法 ⋯⋯⋯⋯⋯⋯⋯⋯ 17
　一、为什么要学习研究方法 ⋯⋯⋯⋯⋯⋯⋯⋯ 17
　二、什么是实证研究方法 ⋯⋯⋯⋯⋯⋯⋯⋯⋯ 20

第二章　研究选题 ⋯⋯⋯⋯⋯⋯⋯⋯⋯⋯⋯⋯ 25
　一、研究问题的来源 ⋯⋯⋯⋯⋯⋯⋯⋯⋯⋯⋯ 25
　二、什么是"小切口，大问题" ⋯⋯⋯⋯⋯⋯⋯ 30

第三章　文献综述 ⋯⋯⋯⋯⋯⋯⋯⋯⋯⋯⋯⋯ 35
　一、什么是文献综述 ⋯⋯⋯⋯⋯⋯⋯⋯⋯⋯⋯ 35
　二、哪些文献值得一读 ⋯⋯⋯⋯⋯⋯⋯⋯⋯⋯ 38

三、如何检索文献 ································· 42
　　四、如何阅读文献 ································· 47
　　五、如何批判性地综述文献 ························· 55

第四章　理论构建 ··································· 61
　　一、理论至关重要 ································· 61
　　二、概念化 ······································· 62
　　三、理论化 ······································· 72
　　四、理论构建的技巧 ······························· 79

第五章　变量测量 ··································· 89
　　一、概念的操作化与变量的测量 ····················· 89
　　二、变量的测量尺度 ······························· 94
　　三、变量的测量方法 ······························· 98
　　四、变量测量的信度与效度 ························· 102

第六章　研究设计·定量篇 ···························· 107
　　一、定量研究设计 ································· 107
　　二、问卷调查 ····································· 110
　　三、实验设计 ····································· 115
　　四、二手数据分析 ································· 124
　　五、大数据分析 ··································· 132

第七章　研究设计·定性篇 ···························· 141
　　一、定性研究设计 ································· 141

二、案例研究 …………………………………… 147
　　三、定性比较分析 ………………………………… 153
　　四、扎根理论 …………………………………… 163
　　五、混合研究方法 ………………………………… 169

第八章 数据分析策略 ……………………………… 177
　　一、数据分析的类型 ……………………………… 177
　　二、统计分析策略 ………………………………… 179
　　三、质性分析策略 ………………………………… 188

第九章 学术论文写作 ……………………………… 197
　　一、如何撰写开题报告 …………………………… 198
　　二、学术"八股文" ……………………………… 204
　　三、论文的谋篇布局 ……………………………… 207
　　四、论文的写作技巧 ……………………………… 216

第十章 研究伦理与价值 …………………………… 223
　　一、学术规范 …………………………………… 223
　　二、学术研究的伦理 ……………………………… 231
　　三、学术研究的价值追求 ………………………… 234

参考文献 …………………………………………… 240

导言　做有价值的社会科学研究

谈到社会科学研究，人们往往会感到高深莫测，会选择敬而远之。实际上，社会科学研究有有趣和美妙的一面。应该让更多人走近、欣赏和享受社会科学研究。就像曾经让我受益良多的学术公众号"政见"坚持的愿景一样——"我们想拆掉知识的高墙，让普通人读懂社科学术研究，接触靠谱思想资源"[①]。

"工欲善其事，必先利其器。"任何学科的学者开展学术研究，都必然涉及方法的问题。无论是自然科学还是社会科学，都高度重视研究方法的训练、创新和应用。相对来说，社会科学的研究对象是人以及由人组织而成的社会；而社会的高度情境性、复杂性与微妙性，会显著影响乃至制约学者可以使用的研究方法。具体到我所在的公共管理学，研究政府、公务员等公共组织和人群，面临的研究方法的挑战就更加严峻了。

---

① 方可成：我们想做的，不过是拆掉知识的高墙，政见 CNPolitics，2016-01-20，https://mp.weixin.qq.com/s/Gn5yiELghvWfnIVq6asy_Q。

2012年博士毕业以来，我在新加坡南洋理工大学、中国人民大学和北京大学工作期间，讲授的不少课程都与方法论、研究设计、研究方法、定量分析技术、论文写作与学术规范等议题有关，涉及本科生、硕士研究生、博士研究生、在职研究生和留学生等群体。高校设置如此之多的研究方法类课程，反映了社会科学领域对研究方法的重视。我在过去的十多年一直学习、领悟和讲授社会科学研究方法，而这本题为《学术祛魅：实证研究十讲》的书，在一定意义上就是一个阶段性总结。

这本书基于我多年讲授研究方法类课程的总结和反思而成，并在与学术公众号"学术志"合作的网络课程"实证研究必备30讲：一门课搞懂选题、方法与写作"中进行了部分分享。我期待能够用简短的篇幅和通俗的语言，来介绍、探讨社会科学研究和写作的基本问题，完成对学术研究的"祛魅"。

我从2005年开始参与和开展社会科学研究，2006年发表了第一篇中文论文，2013年发表了第一篇英文论文。时至今日，我发表了上百篇论文，开展了不少合作研究，这些研究也产生了一定的学术影响。在过去的二十年中，这样一种全身心投入和躬身其中的研究经历，使我不断体悟与思考，日益加深了我对社会科学研究的认识。

从一开始的懵懵懂懂，到逐渐驾轻就熟，再到批判性反思，我在与自我对话中完成了对社会科学研究的祛魅，在"较劲"中实现了救赎。我比较幸运的是，在二十年前就接触了实证研究方法的系

导言　做有价值的社会科学研究

统训练，可以从一开始就运用如今早已被奉为圭臬的工具和技术。① 更为重要的是，我没有因此而迷信实证研究方法，而是在不断反思这些工具和技术存在的不可避免的缺陷与陷阱。希望通过本书与读者共同学习、应用研究方法并对其进行反思，回答有意义的研究问题，丰富和深化我们对社会的理解、解释与预测。

一、社会科学研究出现"精致的平庸"

在 2025 年 4 月召开的一场学术会议上，我做了一次主旨报告，题为《跳出"规范的陷阱"：公共管理研究如何避免"精致的平庸"？》。就我个人的观察与思考而言，过去的社会科学研究不够规范，所以学术界不断加强研究规范；但是，当社会科学研究有了规范以后，研究本身的意义与价值却消失不见了，或者说没有了应有的那种研究。

在 2017 年出版的《中国社会科学离科学还有多远？》一书中，乔晓春曾经嗟叹中国社会科学的研究不科学、不规范，同真正意义上的科学相去甚远（乔晓春，2017）。彼时中国的社会科学研究还没有完成规范化的洗礼，也谈不上是科学研究。一篇论文是否必须有研究问题、是否需要参考文献、如何标注和引用参考文献、是否

---

① 马亮：土博士的国际化之路，《博士论文》第 58 期，2017-10-26，https://mp.weixin.qq.com/s/ZpwrcZhemMg4KVE1pp_IhA。

需要对研究文献进行批判性综述、要不要构建和发展理论、研究结论是否需要有经验证据的支持、怎么判断研究结论的可靠性与有效性……这些十分基本的常识性问题，在那时并不是被重视的问题。

二十年前的中国社会科学研究同科学意义上的研究相去甚远，二十年的突飞猛进使中国的社会科学研究今非昔比。和过去相比，如今的中国社会科学越来越重视研究方法的训练和应用，而学术研究的科学性与规范性也越来越强。上述这些早已不是问题，而是学术界的基本共识与操作准则。但是，社会科学研究日益规范化和科学化的同时，为什么大量研究却丢失了意义与价值？

现在哪怕是参加本科生的各类学术竞赛，你都可以看到刚入大学的大学生已经可以娴熟地使用问卷调查、结构方程模型等研究方法和技术了，而且他们撰写的学术"八股文"也有模有样。但是，这些研究在越来越科学和规范的同时，和我们所期待的社会科学研究却渐行渐远。

如今学术会议和期刊收到的投稿论文呈井喷式增长，动辄一个会议就会有数百篇论文如雪片般飞来，许多期刊每年的收稿量都达上千篇。这些论文的规范性普遍较强，但是千篇一律的标题、叠床架屋的概念和迷信"大力出奇迹"的方法堆砌，让人难以苟同和不堪卒读。日益规范和科学的社会科学研究，是我们十多年前所孜孜以求的吗？为什么方法应用越来越广泛、密集和高深，但是研究的趣味、意义与创新却并未增强？为什么越是应用研究方法，研究本身应该追求的价值却越是在消退？社会科学如何避免研究方法的误

导言 做有价值的社会科学研究

用和滥用？

按照《现代汉语词典》(第7版)的解释,"规范"作动词时意为"使合乎规范",作名词时意为"约定俗成或明文规定的标准",而"规范化"指"使合于一定的标准"。翻阅二三十年前发表的论文,我们可以发现,过去的论文可能没有参考文献或者文献引注不规范,论文结构不统一,研究方法暂付阙如。将其同如今发表的论文相比,可以直观地看到中国社会科学研究经历了一个逐步规范化的过程。

论文的规范与研究的价值之间存在一定的张力。过去的研究是有问题、有想法和有灵性的真研究,虽然缺乏规范,但总能令人眼前一亮。而现在的研究有了规范,却无研究可言,甚至可以说是低价值的"伪研究"。显然,未来的研究应该是规范且有价值的研究,即"好研究"。

科学的进步是规范的胜利。通过确立专业标准、采取同行评议制度,科学共同体在不断地推进科学的进步。社会科学毫无疑问应该拥抱研究规范。值得注意的是,规范化带来了研究的新问题,那就是研究的结论往往是预料之中和波澜不惊的,而没有平地起惊雷的颠覆性创新。如果说过去的科学"革命"不断,如今似乎是进入了"历史的垃圾时间"。

研究方法日益规范,研究技术日益复杂,研究的科学性越来越强,研究发现却日益平淡无奇,研究结论也苍白无力。这似乎是研究范式与科学革命之间的内在悖论。当科学革命带来的新范式确立时,大量研究都将是平平无奇的常规科学研究,而无法撼动和挑战主流研究范式。

与其进行无病呻吟的重复,不如敢为人先地向前一跃。所以,要跳出"规范的陷阱",摆脱"精致的平庸",在追求研究规范的同时避免规范化带来的束缚与掣肘。经验研究或实证研究需要遵循一定的套路,学术论文也要遵循"八股文"的结构。但是,学术研究作为科学、技艺与艺术的集合体,既强调"不以规矩,不能成方圆",也要避免出现"规矩有了,寸步难行"的问题。当社会科学研究走出"在野之学",全面拥抱学术规范时,未来就要实现"游刃有余而不逾矩"。

二、毫无意义的研究大行其道

社会科学的相关学科都在一定程度上面临同样的问题与挑战。比如,政治学面临中国实践与西方概念(理论)的龃龉,需要建构新概念、发展新理论并创新学科话语体系。在管理学领域,学者们高度重视严谨性(rigor)与相关性(relevance)之间的矛盾,迫切需要解决商学院的教授无法为工商管理硕士(MBA)研究生上课的问题,以及公共管理学院的教授不能为公共管理硕士(MPA)研究生上课的问题(徐淑英等,2018)。经济学学科对数学模型与因果推断的极致追求,带来了理论的苍白无力,似隔靴搔痒。与此同时,对统计(经济)显著性的追求,让学者们"眼冒金星",沉迷于"数星星"。经济学学者刘元春在《经济学研究要致广大而尽精微》一文中就指出:"实际上,很多西方经济学理论走入了逻辑之美的陷阱,却忽视了解释力和建设力。"(刘元春,2025)

以上种种是学科发展的必经之路吗?是学科发展必不可少的走弯路与交学费吗?显然,一个学科从蹒跚学步到踌躇不前,再到信马由缰,的确需要一些耐心,没有哪个学科可以逃脱此劫。哪怕是发达国家的社会科学,也经历过类似的阶段和出现过类似的问题。当然,作为发展中国家,中国的社会科学会面临更大的挑战。

毫无意义的学术研究就相当于"学术狗"放"学术狗屁"(scholarly bullshit),就像人类学家大卫·格雷伯所批判的"狗屁工作"或"毫无意义的工作"一样(格雷伯,2022)。比如,2023年在《循环经济与可持续性》发表的一篇富有挑衅意味的论文就探讨了"学术狗屁"的问题。该文指出,在可持续性和转型领域的学术期刊中,有高达50%的论文是"学术狗屁"。所谓"学术狗屁",就是"那些连作者本人也难以为其存在的必要性进行辩解,对科学知识进展做出贡献甚微的研究"(Kirchherr,2023),这些论文针对最新的、流行的热门话题进行研究,虽然可以获得大量文献引用,但是在真正的学术发展和创新方面的意义微乎其微。

《循环经济与可持续性》上发表的这篇文章将"学术狗屁"分为五大典型类别,包括:乏味问题的研究(boring question scholarship),停留在对前人研究的简单复制和"炒冷饭";文献综述的文献综述（literature review of literature reviews），简单重复众所周知的常识而毫无新意；回收性研究（recycled research），为了迎合研究热点而"新瓶装旧酒"，这些研究"回收"问题的论文本身需要被回收；硕士学位论文的疯狂灌水（Master thesis madness），指知名学者与硕士生合作的研究粗制滥造；激进分子的咆哮（activist rants），指个人激进观点的情绪宣泄，而没有基于实证证据。

在理论的对话与发展方面，不少研究对经典理论进行反复检验和一再重复，却没有挑战、修正或颠覆这些基础理论。比如，马斯洛需求层次理论、计划行为理论、技术接受模型、政策扩散理论、顾客满意度模型、工作倦怠研究、职业胜任力模型、制度集体行动理论、协同治理理论等，无数的研究反复使用这些理论，在一定程度上带来了理论荒漠化与理论疲劳的双重效应。

过去的研究可能没有理论基础，但研究人员天马行空，脑洞大开，脑力激荡。如今的研究则是运用了各种各样的理论基础，却束缚了研究人员的手脚，禁锢了他们的头脑。与此同时，理论与实践"两张皮"问题较为突出。比如，梅赐琪就以公共政策执行领域的史密斯模型为例，指出跨情境套用理论带来的弊病（梅赐琪，2025）。不少研究反复验证某些经典理论的伟大，却没有带来任何知识增长。而照抄照搬、机械套用西方理论来"剪裁"中国实践，也带来驴唇不对马嘴、令人啼笑皆非的现象。

与此同时，研究方法，特别是定量分析方法的泛滥与误用在很大程度上影响了社会科学的意义与价值。比如，不少人对使用问卷调查可能存在的问题往往明知故犯，诸如随便样本（而不是随机抽样）、武断测量（而不是规范量表）、共同方法偏误（而不是多种来源和多种方法）等问题一再发生，并没有得到充分重视和纠偏。再如，很多人对结构方程模型（SEM）存在认识误区，认为非 SEM 不可，实际上不少情形下并没有这种必要。单纯炫技和欺负不懂技术的读者的研究，看似是"降维打击"，实则是自信不足的体现。又如，定性比较分析（QCA）既有定性内容又有定量的内容，但是很多研究存在有计算而无定性的问题，特别是条件变量的测量缺乏定性研究的依据。

在统计分析方面，也存在玩数字游戏的问题。一些人在知道结果后提出假设，或者反复"拷打"数据得到符合预期的"好结果"，并选择性地报告有利于自己的结果。二手数据分析是"化腐朽为神奇"，是"变废为宝"，并让宝贝更加值钱。但是，在二手数据分析方面存在的问题是各类二手调查数据被玩坏了，各种变量倒过来倒过去，存在"垃圾进，垃圾出"的尴尬。此外，稳健性检验泛滥成灾的问题也值得关注。我们要认真想一想稳健性检验究竟是为了什么，是为了检验而稳健，还是为了稳健而检验。

三、社会科学研究如何跳出"规范的陷阱"

当前世界处于百年未有之大变局，在气候、人口、科技、财政等领域的巨变，迫切需要学术研究回应现实挑战。正所谓多难兴邦，社会科学研究也要服务难时国家。比如，2025年年初美国加征多国关税，中国率先反制，使全球贸易战一触即发。国家危难之际要救亡图存，社会科学特别是公共管理研究可以做什么？如何理解与解读反制政策？一些学者会认为这是完美的外部冲击，可以通过自然实验进行因果推断。另一些忧国忧民的学者心系祖国，例如，浙江工商大学紧急召开服务国家应对外部冲击行动计划专题部署会，探讨如何通过学术研究来为国分忧。①

学术研究人员不是事不关己的看官，也不是隔岸观火的过客，而是富有责任感与主人翁精神的公民。遥想一百年前战火纷飞的动荡时代，西南联大的学者们孜孜以求的是寻找一方书桌，可以安静地教书、读书和做学问。和当前不少研究相比，民国时期的学位论文与社会调查可能没有那么规范，但是其涉猎的领域、关注的议题和获得的发现，直到今天依然历久弥新。特别是在当时的条件下能够收集和积累一手调查资料，为后世研究提供宝贵的历史数据，殊为不易，令人钦佩。

陈晓萍与凯文·斯廷斯马在《有影响力的学问是怎么炼成的》一书中，从正面和积极的角度探讨富有影响力的研究是如何诞生与完成的，并提出做出有影响力的学问的过程模型，包括灵感、理论、实证、传播、流派五大维度（陈晓萍和凯文·斯廷斯马，2023）。由

---

① 商大社科：浙江工商大学召开服务国家应对外部冲击行动计划专题部署会，2025-04-17，https：//mp.weixin.qq.com/s/_4Kw4jYZnRFS1_OxGuylEA。

此可见，实证研究是五个环节之一。其他环节也同样重要，甚至更为重要。

社会科学研究当前面临的诸多问题同研究人员的动机、能力与耐心有关。此外，研究人员所处的学术界和社会环境又进一步加剧了问题。比如，研究人员对学术规范的理解存在局限、偏见，特别是一些理工科院校的研究人员盲目认为只有量化研究才是科学研究。再如，在规范化的过程中揠苗助长，导致一些学者有样学样、照猫画虎。又如，"发表是王道"带来的发表压力与生存游戏导致玩弄规范、投机取巧的现象。当学术规范成为负担与枷锁时，学术研究面临严重的合法性危机。

中国社会科学研究在本土化探索的过程中还承担着自主知识体系构建的历史使命。在研究的意义与方法的规范之间，孰先孰后？是发展普适理论，还是建构本土概念？我们不能本末倒置，要追求理论的意义与经验的雕琢，坚持破立并举，在解构的同时重构知识体系。

要想改变社会科学的现状，使之健康发展，就需要持开放的学术研究态度，采取更高标准的规范。要树立好的榜样，批判坏的示范；要认识到社会科学不是遵循单一规范，而是承认多元规范。在认识论传统与方法论流派方面拥抱多元主义，尊重不同的流派、标准与规范。当然，在批评他人的同时，每个人也要自我批评。学术研究就是欣赏与批判并举，既要欣赏他人研究的精彩之处，也要关注自身的研究存在的问题。

四、本书希望回答的问题

显然，研究方法是研究人员使用的工具和手段。研究缺少意义不是研究方法本身造成的，而是研究人员的研究设计出了问题。很多人认识到了研究方法的重要性，也在积极学习各种研究方法。而不少人在选择、使用和评价研究方法方面依然有很大的提升空间。

学者进行研究就好比厨师做饭。厨师有的刀工好，有的擅长煎、炸、烹、煮等各种厨技，这些固然至关重要，而烹饪的精妙之处更在于厨师对食客口味的把握、对食材的选用与搭配、对火候的调控等方面。同样的预算下，采买什么样的食材；面对同样的食材，如何搭配组合；对煎、炸、烹、煮各种烹饪方式，如何选择和组合；准备一桌子菜，需要如何设计菜单……对这些问题的回答，才真正考验厨师的水平。因此，优秀的厨师是一桌美味的操盘手，能够做到心中有数。同样，优秀的社会科学研究人员也要具备这种设计研究的能力。

对于社会科学研究而言，研究设计的意义远超具体的研究方法与技术。社会科学研究的目的包括描述和刻画、比较分析、探究相关关系、推断因果关系、预测等，分别对应描述性研究、比较性研究、相关性研究、因果性研究、预测性研究等。而从研究的数据类型和分析策略来讲，实证研究既有量化研究（如调查研究、实验研

导言　做有价值的社会科学研究

究、二手数据分析等），也有质化研究（如文本分析、叙事研究、民族志、扎根理论、行动研究等），以及将二者融为一炉的混合研究。

研究设计是对如何研究进行设计，研究方法则是开展研究使用的具体技术和工具。如果研究设计不当，那属于先天不足和基础不牢，会让研究无法顺利开展。所以，本书特别强调要做好研究设计，而不是拘泥于研究技术的细枝末节。

在本书中，我按照实证研究的整个过程展开探讨，将研究方法总结为十讲，涉及社会科学研究从头至尾的各个主要环节。当然，每个环节的探讨都只是提纲挈领，所以本书作为实证研究方法的入门书，更多是帮助读者完成对社会科学研究的"祛魅"，为有志于从事社会科学研究的读者提供通俗易懂的、全面的介绍。

在社会科学研究中，选题至关重要。俗话说"题好文一半"，好的选题就意味着研究成功了一半。反过来说，选题不当（过小、过大、过虚、不现实、"炒冷饭"等）往往是社会科学研究失败的主要原因。要想做好实证研究，先要明确研究选题。但是，选一个好的选题殊非易事，甚至是社会科学研究中最不科学和令人百思不得其解的部分。研究问题的来源多种多样，社会科学研究的选题可以天马行空，而关键是将实践问题转化为研究问题。研究人员需要遵循"小切口，大问题"的选题思路，并掌握研究选题的技巧，如此才能有所创新。

社会科学研究是"站在巨人的肩膀上"，"一步一个脚印"地前行和探知世界的。所以,研究人员需要对已有文献进行回顾、批判、反思和创新,并通过研究开展和论文发表贡献新的文献,如此循环往复。如果搜不到、找不准最相关的文献,就可能成为"无头苍蝇"而迷失方向。如果不能批判性地阅读文献,就会与最相关的研究选题失之交臂。文献评述或综述意味着要阅读大量相关的学术文献,并批判性地进行综述。文献综述的核心是要有结构思维,能够将"俱往矣"的研究文献一网打尽并分门别类,在此基础上提出有待回答的新问题。除了常规性的文献综述,荟萃分析、系统性综述等方法日益流行,而人工智能技术在其中发挥着越来越重要的作用。

社会科学研究始终是围绕理论的构建、发展与检验展开的,所以要关注理论构建的问题,聚焦概念化与理论化,并掌握理论构建的技巧。本书认为,不少人对理论的理解有误,也影响了理论的构建与发展。一些人往往夸大或抬高理论,认为理论是高高在上的,而没有认识到其实在我们的日常生活中充斥着各种各样的理论;还有人认为理论必须是复杂的,只有叠床架屋和填得满满的才能说实现了理论创新,殊不知理论最精妙的是"大道至简";在理论的西方霸权、全球普适性与本土化之间,很多人同样陷入了认识误区,并没有认识到理论的建构与发展是可以超越这种非此即彼的二元对立的。

在研究设计方面,本书重点探讨研究设计的注意事项与操作技巧,分为定量、定性和混合三种类型来具体探讨。其中,定量研究设计包括问卷调查、实验设计、二手资料分析、大数据分析，定性研究设计包括个案研究、比较案例研究、定性比较分析、扎根理论，而混合研究设计则将定量与定性研究有机结合。针对每种研究设计，我在书中介绍了其背景、特征、优势和劣势，以及在研究设计时遵循的步骤和流程。

"无测量，不实证"，无论是定量分析还是定性分析，社会科学研究都涉及对概念的操作化和对变量的测量。这就涉及变量的测量尺度和测量方法。和自然科学相比，社会科学的变量测量更加富有挑战性，因为复杂、多维、微妙的概念往往更难以测量。如果不重视变量的测量，就可能因为测量的缺陷而使研究前功尽弃。有些时候，对关键变量的测量方法的创新，其本身就足以使该研究成为具有原创贡献的研究。测量既需要因循旧例、中规中矩，也需要脑洞大开和奇思妙想。不少变量看似不可测或测不准，实际上换种视角和方法，就实现了近乎完美的测量。多学习、积累经典且创新的变量测量方法，从这些方法中领悟和反思，就可以举一反三，在变量测量方面有所精进。

社会科学研究需要通过资料分析来得出结论，所以掌握统计分析策略和质性资料分析策略就十分重要。要有"用户思维"，奉行"拿来主义"，更多关注如何通过各种软件和工具来得到分析结果并加以合理解释。即使是文科生也可以驾驭看似高深莫测的统计分析工具，得到自己想要的分析结果。大数据与人工智能技术突飞猛进的发展，使统计分析与质性资料分析如虎添翼，社会科学学者可以更加高效、便捷地开展和完成数据分析任务。

社会科学研究对学术论文写作的要求较高，因此，既需要掌握学术"八股文"写作的基本功，也需要学会"讲好故事"的技巧。本书探讨了开题报告的准备与撰写、学术"八股文"的谋篇布局及论文写作的技巧，帮助读者了解和掌握学术论文写作的基本要领。比如，论文写作越来越多地面临"查重率"与"AI率"的挑战，而相关技术检测也带来新问题，需要学者重视和正视这些充满争议的问题。

本书最后简要探讨了社会科学研究的规范、伦理、道德与价值方面的问题，包括学术文献引用规范、学术研究伦理及学术研究应该追求的价值取向。社会科学研究不能"螺蛳壳里做道场"，而要围绕重大意义和现实价值开展，做有意义和有价值的研究。与此同时，社会科学研究需要"大胆假设"，也需要"细心求证"。

第一章　社会科学的研究方法

更多时候，我们像海绵一样吸收知识；而作为科研工作者或学者，还要致力于创造新知识。当这些知识真正成熟并经得起考验时，它们可能成为他人获取知识的来源。这个过程是非常令人兴奋的。

一、为什么要学习研究方法

我们生活的这个社会是十分复杂的，对其加以研究也充满挑战，都不要说对社会加以改造。要想认识、理解和解释社会，我们就需要掌握和使用有效的手段、工具和技术。实证研究方法就是社会科学研究人员的"武器"。本书包含十章，我将从选题开始，一直讲到研究设计，涵盖科学研究和论文写作的整个过程，帮助读者掌握实证研究的方法。

本书涵盖了社会科学研究中实证研究方法的各步骤，包括研究选题、文献综述、理论构建、变量测量、研究设计（定量、定性与混合研究）、数据分析策略、学术论文写作、研究伦理与价值。期待本书能够帮助读者形成对实证社会科学研究方法的基本了解，并且能够充满信心地进行实证研究。

首先，我们来介绍一个相关案例，是关于接种疫苗后可能出现的身体反应的。实际上，这个问题在很多国家都引起了关注。当研究美国和英国的案例时，你会发现许多父母担心他们的孩子接种疫苗后可能患上自闭症。由于自闭症是一种严重的精神障碍，人们对此非常焦虑。这样的传闻经由媒体报道后在社会人群中扩散开来，并引起了很多人的焦虑。

在美国，许多人担心自闭症可能与疫苗接种过程中使用的相关包装材料有关，他们担心这些包装材料可能含有过量的汞。而在英国，人们则担心如果同时接种多种疫苗，可能会引发问题。例如，"三合一"疫苗同时预防麻疹、腮腺炎和风疹三种疾病，很多人会担心这种复合疫苗会导致自闭症（唐文 & 祖克，2019）。

类似地，我们经常会听到某个现象引发了某种结果。这时候，我们会思考这种结果是否会对生活产生影响，也希望弄清楚这些结果背后的原因。总而言之，我们希望搞清楚导致结果产生的原因是什么，以及它的作用机制是怎样的。

我们每天都在获取知识，也思考如何将这些知识用于行动中。在人类的认知过程中，获取知识的渠道有很多，包括宗教、权威、

第一章 社会科学的研究方法

推理、科学。一些知识可能源自宗教信仰。例如,某些宗教强调按照特定方式生活。另一些知识可能来自权威,特别是政治权威,政治家可能会解释某些做法可能带来的影响。当然,知识也可能来自推理。大脑通过思考和逻辑推断得出一些结论,我们相信这些结论在逻辑上是自洽的。

更重要的是,我们可以通过科学研究获取知识。科学研究是获取知识最值得信赖、最可靠的途径之一。与其他获取知识的方式相比,科学研究更令人信服。科学研究已成为推动经济和社会发展的主要力量之一。科学研究使我们能够深入了解经济和社会的各领域并不断取得进步。从这个角度来看,学习研究方法并进行科学研究,对于获取新知识、认识世界和改变世界都十分重要。

科学研究是一个非常有意思的过程。通常来说,科学研究可以从演绎和归纳两个角度展开。

演绎是从假设或理论出发,然后收集相关资料并验证这些资料是否与提出的假设和理论一致。与之相反,归纳是先观察周围的世界,采集相关资料,在此基础上提炼形成理论、假设和判断。这两个过程是反方向的,但是两者形成了科学研究的完整闭环。通过演绎和归纳,我们观察世界并获得新知识。因此,科学研究同时存在演绎和归纳两个环节。

在科学研究中,尤其是在后文提到的研究设计中,演绎法可能发挥更重要的作用。归纳法帮助我们提出相应的理论,而演绎法帮助我们检验和验证这些理论。因此,这两种方法在科学研究中都不可或缺。有时候，我们可能会更加偏重其中一种方法。

举例来说，在讨论天鹅是白色还是黑色的问题时，可以通过演绎法构想天鹅是某种颜色的，然后观察现实中天鹅的颜色。然而，在很长一段时间里，尤其是在亚洲地区，我们只看到白色的天鹅，从未见过黑色的天鹅。因此，我们可能得出这样的结论：天鹅是白色的。直到后来我们发现在澳大利亚和其他国家生活着黑色的天鹅，才知道天鹅也可以是黑色的。因此，即使面对同一个问题，通过演绎法和归纳法也可能得出不同的结论。

即使我们看到的所有天鹅都是白色的，也不能得出结论说天鹅是白色的。因为我们并没有观察到所有天鹅，所以不能做出绝对的推断。演绎法和归纳法在科学研究中都扮演着非常重要的角色，二者缺一不可。在获得新认识方面，我们既不能完全依靠演绎法，也不能完全依靠归纳法。

基于这些理论，我们将研究分为两种类型：理论研究和实证研究。理论研究主要涉及概念和理论的探讨，包括相关命题和假设的提出。实证研究则是对这些概念和理论进行检验，验证其中的命题和假设。这个过程显示理论研究与实证研究是相结合的，二者之间存在着密切的互动关系。

二、什么是实证研究方法

实证研究属于科学研究范畴。科学本身并没有一个明确定义，而是包含许多相关特征（奥卡沙，2009）。例如，科学研究的本质在于追求知识的积累，即通过科学研究一砖一瓦地构建知识的大厦。科学的追求还包括对证据的探索，只有有充分的证据支持，才能说一个结论是可信的。因此，我们致力于收集证据，并对这些证据进行比较，在此基础上通过证据得出结论。

在科学研究中，我们特别注重理论的发展和检验，这是因为所有行为都是强大的理论指导的。此外，科学研究需要具备客观性、中立性、价值无偏性、透明性和可复制性等特征。这意味着我们的研究需要经受他人的验证，而其他人的研究也需要我们的验证。通过这种互相验证的过程，知识才能被认为是可靠的。

当然，科学研究是由人来开展的，因此不可避免地受到一些社会性因素的影响。科学家作为人，其主观偏好也会对科学研究过程和结果产生影响。此外，科学研究者在某个时期可能特别关注某些问题，并尤其倚重某些方法，这时候，就形成了所谓的科学范式。在科学范式的指导下，人们可能共享某种基础性框架，并在这个框架下进行科学研究，形成被普遍认可的共识。当然，如果发生科技革命，科学范式就会发生变迁，我们则相应地采用不同方法来研究完全不同的问题。

上述关键特征（客观性、中立性、价值无偏性、透明性和可复制性等），共同构成了科学研究的本质。判断一项研究是否属于科学研究，大抵可以从这些方面加以评估。但是，我们要认识到，这些只是科学研究展现出来的具体特征，把它们组合在一起，未必可以保证一项研究是科学的。

人们可能会问，科学研究是否仅限于自然科学？社会科学是否被认为是科学？这些问题非常值得关注。相对于自然界而言，人类社会则更为复杂与微妙。在社会科学研究中，我们研究的对象是人类自身。从这个意义上讲，社会科学研究面临的挑战远大于自然科学研究。因此，对于社会科学研究来说，研究方法就显得非常重要。

研究是一个非常有意思的概念。在英文中，研究被称为"research"，它是"re+search"，意思是不断搜寻、搜索和探索，直到发现新的知识，并对新的现象和问题提出新的见解（吴建南，2006）。因此，科学研究包含多种类型。例如，可以进行实证（positive）研究或规范（normative）研究、基础研究或应用研究、定量研究或定性研究，也可以将定量研究和定性研究结合起来。此外，你的研究可能处于探索阶段，或是对过程的描述，或是对现象的解释。观测可以在自然状态下进行，也可以在实验室进行操控和干预。我们还可以将研究分为经验研究和概念研究，原创研究和综述性研究，普适研究和本土研究，等等。

这些不同类型和维度的研究使得研究过程更加多样化和丰富，并为我们提供了更多途径来理解和解决问题。因此，研究具有多样性，它与研究的目的、采用的方法和呈现的方式有关。这意味着研究是非常丰富多彩的，而不仅限于一种方法。实际上，科学研究不是只有一种研究流派，还有许多其他研究流派可供我们选择，比如

第一章　社会科学的研究方法

规范研究（normative research），等等。因此，关于研究的定义和本质存在许多不同观点。

那么，研究方法是什么？研究方法是研究人员在开展社会科学研究的过程中使用的各种方法，分为不同层次，包括方法论（methodology）、方法（methods）、工具或技术（techniques）。首先，方法论即研究的基本原理，涉及本体论、认识论、价值论等哲学预设，是对研究方法的本原及其正当性的追根究底，反映了研究人员秉持的世界观和价值观。其次，具体的研究方法主要体现在研究设计中，包括问卷调查、实验等。我们需要仔细考虑研究方法，确保研究方法在研究问题时是恰当的。最后，研究人员可能会通过运用许多工具、技术和设备来执行其所需要完成的任务。方法论、方法和技术三者对应研究方法的不同层次，概括起来就是"道""术""器"。

本书定位在研究方法的层面上，更具体地说是在研究方法的应用层面上。本书关注的是让大家如何拥有一个工具箱，知道在何时以及如何运用不同方法来解决问题。本书涉及一些方法论的考量，并探究一些具体技术，但是更重要的是探讨如何进行研究设计。也就是说，当你想进行一项研究时，需要先回答这些问题：应该选择什么工具？这个工具有什么特点？在什么时候使用它最合适？如何将这个工具与其他工具组合进行研究？本书将通过具体的研究实例来展示研究方法是什么，以及如何学习、掌握和应用研究方法，从而对上述问题给出系统回答。

更多时候，我们像海绵一样吸收知识；而作为科研工作者或学者，还要致力于创造新知识。当这些知识真正成熟并经得起考验时，它们可能成为他人获取知识的来源。这个过程是非常令人兴奋的。我们期望通过阅读本书，使大家了解如何掌握这些方法，并运用它们来进行社会科学研究。本书涵盖了社会科学研究的整个过程，由于篇幅限制，我们无法深入探讨每种研究设计及其具体技术。然而，我们希望通过强调这种理念，告诉大家社会科学研究并不是想象中的那么枯燥乏味，社会科学研究方法并不是想象中的那么难学。只要大家按照适当的方式循序渐进，就能够迅速掌握并成功地将这些方法应用到自己的研究中。

如何选择一个合适的研究问题？如何有效阅读并总结相关学术文献？如何构建一个恰当的理论模型？如何选择适当的研究设计？如何准确测量变量？如何分析收集的数据？如何撰写论文的各个章节和部分？如何遵守学术规范和研究伦理？这些问题的答案将逐一在本书中呈现，期待各位读者与我一起开启实证社会科学研究方法的学习之旅。

第二章 研究选题

选题的来源多种多样,有时候甚至是"因缘际会"或"不期而遇"。我们可以从个人的经历和体验中寻找灵感,从日常生活中发现问题,并从个人的态度和兴趣出发来选择研究问题。

一、研究问题的来源

社会科学研究通常以问题为起点,也以问题为终点。当回答一个问题时,可能会引发新的问题,这些新问题又可能启发我们提出更多问题。因此,研究中最重要也是最困难的一环,就是提出一个合适的研究问题。有时,提出一个问题比回答一个问题更为重要,也更加困难。

当然,在现实生活中,可能会出现一些令人惊讶的社会科学研究。例如，有一篇论文题为《行长的面部宽高比影响银行绩效的路径研究》，研究银行行长的面部特征与银行业绩之间的关系，发现他们的面部宽高比与银行的运营绩效存在联系[①]。类似的，还有研究发现基金经理的面部宽高比和基金绩效存在关联（Lu & Teo, 2022）。你可能会问，这样的研究有何意义？这样的研究是否值得进行？一个人的面相怎么会影响其业绩？选择银行行长应该以貌取人吗？然而，这样的"研究成果"却在学术期刊上发表了，研究人员来自知名大学，并且类似的"研究成果"还不止一篇（郁林瀚等，2019）。这种研究可能确实在某种程度上具有一定的研究价值，因为它揭示了一些现象背后的规律，并为我们解释一些组织管理现象提供了依据。否则，为什么期刊会愿意发表，而且不止发表了一篇类似这样的"研究成果"呢？

提及这些例子，并不是为了鼓励大家进行受好奇心驱使的研究，而是希望大家拓宽视野，看到社会科学研究的多样性。社会科学研究探讨的问题非常广泛，许多问题可能在我们看来司空见惯，或者不值一提，但是如果换个角度，采用新的方法，就可能得出全新的结论。因此，我们不应该认为这些研究问题不重要，或者轻视它们，而应该思考为什么作者能够提出这样的研究问题。

正所谓"题好文一半"，研究问题的选择是成功的一半。如果问题选择得当，论文就成功了一半。同时，问题的选择实际上会带

---

① 张然：银行绩效受行长面相影响？南开大学教授这篇论文遭网友疯狂调侃，现代快报讯，https://new.qq.com/rain/a/HNN2018112800443700。

第二章 研究选题

来一系列的影响。例如,有些论文可以发表在最高级别的期刊上,如自然科学领域的 *Nature* 和 *Science*。当然,在社会科学领域也有一些类似的权威期刊,它们发表的论文往往被视为最优秀的研究成果。与此同时,即使是在同一本期刊上发表的论文,也是有的会被放在封面上进行专题报道,有的则不会。此外,我们都希望自己的研究能够影响实践和决策,而不仅仅是在学术界传播。

在实际中,许多人为了找到一个好的研究问题而绞尽脑汁,甚至陷入茶不思饭不想的状态,却仍无法提出一个满意的问题。这个过程可能非常煎熬,也说明了研究问题的选择非常重要,同时也很困难。面对一个非常庞大的问题,比如行政体制改革或人力资源管理问题,大家会感到无从下手。有时老师也不建议进行这种研究。

在研究选题时,特别需要培养好奇心,多问为什么。在这一点上,孩子们往往做得非常好,因为他们把世界视为一个全新、未知的世界,对遇到的一切事物都会问:这是什么?为什么?而成年人可能会失去好奇心,更多地将一切视为理所当然,这时,反而可能无法回答一些问题,也无法提出一些问题。因此,培养好奇心,对现实生活和周围世界有更多关注,以及从不同角度思考问题,是选择研究问题非常重要的一个方面。

尽管问题的选择非常重要,但它往往没有固定的方法论,甚至有人说在科学研究中,选题是最"不科学"的环节之一。一旦选择了一个问题,后续的步骤就都要按部就班地进行,或者说有既定的程序可以遵循。但是,恰恰在选题这个环节,往往没有明确的规则可以遵循。

  过去一些知名学者和专家在谈论选题时，常常强调需要敏锐的观察力、洞察力、直觉、嗅觉和灵感。这些说法可能让人感到茫然甚至绝望，因为这些方面没有一套明确的学习方法可供参考，而是更多地取决于个人是否具备这些素质。因此，在考虑自己论文的选题时，大家往往需要花费更多的时间和精力。

  选题的来源多种多样，有时候甚至是"因缘际会"或"不期而遇"。我们可以从个人的经历和体验中寻找灵感，从日常生活中发现问题，并从个人的态度和兴趣出发来选择研究问题。可以思考一下，生活中最困扰自己的问题是什么？哪些领域让你愿意为解决问题贡献力量？个人的热情和投入在选题中可以发挥重要作用，而这往往和一个人的经历密切相关。举例来说，曾经是留守儿童的人，会尤其关注留守儿童问题，并将个人经历融入研究，而这样的选题就会更加贴近实际。

  当然，选题也可以来源于社会现实、热点问题以及媒体报道。例如，城市内涝导致的城市韧性和运营问题通常是被媒体报道后，才引起人们的关注。

  我们可以通过与他人的交流来获取新的认识。我们不仅可以与熟悉的人交流，还可以与陌生人交流。即使是与出租车司机交流，也可能了解到一些自己以前从未考虑过或接触过的现象和问题，而这可能会启发我们提出新的研究问题。

  此外，我们可以阅读与我们关注的课题相关的文献。通过阅读

第二章 研究选题

这些文献，可以了解到哪些问题得到了深入的研究、哪些问题尚未被研究、哪些问题研究得还不够透彻。这些尚未被研究或研究得不够透彻的问题，就可以成为研究的选题。

有些情况下，导师委派给你一个课题，或者相关政府部门、基金会委托你进行研究。这时，他们提出了问题，需要你来回答。起初，你可能并不认为这个问题很重要。但是，如果换位思考，就会发现这些问题确实值得关注。否则，他们为什么会花时间和精力与你交流和沟通呢？

综上所述，我们可以看到研究问题的来源非常多样化，人们几乎可以从任何来源找到研究问题的线索。我们还可以将这些问题的来源综合起来，判断这些问题是否值得关注。例如，上文提到的留守儿童案例，如果你的个人经历、你关注的新闻媒体报道，以及你与他人的交流、你的研究文献都与该问题相关，那你选择这个研究问题就非常合适。

从研究问题的来源来看，我们可以举例说明研究问题随处可见，并不需要过多的思考。以研究中国官场的酒文化为例，自从党的十八大以来，尤其是党中央决定实施"八项规定"以来，各地政府都在推行禁酒令。这意味着公务员在工作期间（包括工作日和公务接待时）都不允许饮酒。然而，实际上不同地区和部门的执行情况存在差异，也导致不同的结果。一方面，中央多次强调公务员在工作日或公务接待时不允许饮酒；但另一方面，在许多地区，饮酒仍然是一种普遍而持续存在的现象。

在这种情况下，你也许会发现一个研究问题：为什么明明喝酒对身体有害，且被明令禁止，人们仍然冒险去喝酒？当然，这个问题会衍生出一系列相关问题。例如，为什么有些人有时千杯不醉，在其他时候却喝得很少？对于这些问题，需要思考如何进行回答。如果查阅文献，你会发现实际上没有人对此问题进行深入研究。媒体可能会稍微报道一些相关现象，但并没有深入探究背后深层次的关键问题。

我们观察到的这种官场饮酒行为可能具有国家治理价值，而不仅仅是一种负面现象（强舸，2019）。当从这个角度思考时，我们会发现饮酒本身可能蕴含着丰富的治理内涵，而过去的研究往往没有关注到这种内涵的丰富性。在研究这个问题时，我们可能会获得全新的观点。类似的案例还有很多，后文还将提到。通过大量阅读，我们会发现有些问题本已习以为常，让人觉得并不是问题，但实际上却蕴含着别样的价值，特别值得关注。

二、什么是"小切口，大问题"

我们希望研究关乎人类福祉和国家命运的大问题，但是这往往需要从小的切口入手。在研究选题方面，"小切口，大问题"即通过小的切口深入大的问题，这意味着我们能够将许多问题具体化，并在此基础上通过关注一些小的方面来揭示大的路径。

第二章 研究选题

首先,为了明确研究问题,我们需要区分两种问题。一种是现实中的问题,英文称为"problem"。这种问题需要解决,否则可能会对日常生活或运营产生影响。另一种是研究问题,英文称为"question",是针对社会现象和问题提出来的问题。在这种情况下,我们需要进行相应的转化,即将实践者关注的现实问题(problem)转化为研究人员关心的研究问题(question)。这两者之间存在一定的差异,但只有通过这样的双向转化,才能达到研究目标。

其次,需要明确所研究的问题是非常集中和具体的。这与主题(subject)、话题(topic)或议题(issue)是不同的,因为后者可能更加广泛,缺乏明确的焦点和具体性。它们通常只是告诉你研究方向在哪里,而不提供具体的研究内容。在选择研究问题时,我们强调选择一个小而真实的问题,而不是选择虚无的大问题。我们希望从一个小的切入点入手,深入了解问题,而不是试图一口吃成胖子,去研究一个庞大的问题,但是最终却无法解决它。在选择研究问题时,关键是要带着疑惑和困惑进行研究。也就是说,当观察到某个现象与我们的预期或现有理论不符时,我们应该思考它背后可能存在哪些值得研究的问题。

以社会学为例,可以看到这种研究问题的生成过程是如何展开的。例如,一位研究者观察到不同国家的求职者在找工作的方式上存在差异。在一些国家,人与人之间一面之交的弱关系就足以为求职者所用;而在中国等国家,人们在求职时更倚重强关系,如亲戚、朋友、同学、同乡等。这种差异可能引发困惑:为什么不同国家的社会关系模式存在差异？这种困惑就激发了研究问题的诞生（Bian，1997）。

研究问题通常不会止步于一个，而会逐渐分解成多个子问题或小问题，每个问题都需要深入研究。因此，在选择研究问题时，我们必须努力确保选题达到以下基本标准：重要性、趣味性、新颖性，以及可行性。首先，选题应当具有重要性，应该是值得研究和探讨的问题。其次，选题的切入点应当具有趣味性，即选题应该是让人感兴趣的问题。再次，研究者要采用新颖的方式研究问题。最后，研究者应当能够操作研究选题，以确保选题的可行性。

近年来，《中国行政管理》等学术期刊积极倡导"小切口，大问题"的研究方法，并大力推动这一研究趋势（韩志明 & 马亮，2020）。这种研究方法的核心在于不必站在高处从宏观的角度来研究问题；相反，它更侧重于从我们身边的人、事、物和行为出发，将他们作为研究对象，然后逐步推导出更广泛的大问题。这些更广泛的大问题可能与国家治理和社会运行密切相关，有助于提炼新的思想和观点，并创造新的知识。这种方法的优势在于，它将本土现象和问题与理论研究有机结合，使研究既扎根于实际，又能够在学术领域有所建树。

我们强调小切口需要深入研究，大问题需要明确提出。有时候，我们研究的切口可能不够精细，或者没有对问题进行深入挖掘，这两种情况可能都存在问题。实际上，我们需要将小切口与大问题相结合，以便更好地提炼出适用于中国现实场景的理论问题。

第二章 研究选题

举例来说,基层如乡镇政府和街道办事处,通常雇用很多没有正式编制的员工,包括城市管理人员、环卫工人和辅警等,他们通常被称为临时工或劳务派遣人员。有时,一个固定编制 20 人的部门或单位,实际上可能有 200 名编外用工,而此时还有 5 个正式职位空编。这种现象非常普遍,也非常有趣。

这种"人编"倒挂情况让人感到疑惑,因为它与我们的预期不符:为什么不填补这 5 个空编职位,而是雇用了大量编外人员呢?

通过深入研究发现,基层组织实际上具有很强的自主性,通过这种方式能够不断扩大其权力寻租空间。这就是所谓的"空编"与"超编"并存的悖论,即"有编不用、编外扩编"(颜昌武,2019)。虽然这是一种微观的小现象,但其背后却具有重要的国家治理意义——研究的问题非常具体并且聚焦,而所发现的研究结果却涵盖了更大的问题。这正是典型的"小切口,大问题"的研究设计。

第三章 文献综述

文献综述必须具备批判性，基于已有研究进行评价，并有选择地进行综述。文献综述还要有结构性，以便读者能够看到一个清晰的"地图"或框架，而不是杂乱无章的信息。

一、什么是文献综述

我们在选择研究课题时，通常会考虑一些问题，例如是否有其他人已经进行了相关研究，他们的研究程度如何，我可以在哪些方面进行研究。这些问题与文献综述密切相关。文献综述、研究述评和文献评估实际上是同一件事情，它们都旨在回答如何对现有文献进行综览，如何批判性地评估文献的进展程度，以及接下来应该进行哪些工作。在本书中，我们将其统称为文献综述。

科学研究就像一座大厦，是一砖一瓦建立起来的。在这个过程中，不能随意放置砖块和瓦片，重要的是要确定它们的位置是否合适。需要考虑每一块砖应该放在哪里，是放在这块砖的上方，还是放在另一块砖的上方。这时，文献综述的重要性就体现出来了。它是与其他学者的对话和交流，是站在他人的肩膀上向前迈进的一次自我赋能。

进行文献综述的目的是多样的。

首先，通过文献来向他人展示自己是该领域的内行人。也就是说，你经常接触的文献应该是该领域最经典、最前沿和最重要的；通过对这些文献的综述，他人就会认识到你是一位熟悉该领域的专业学者。相反，如果你的文献选择既不重要又不前沿也不经典，那么内行人就不会关注你的研究，你给他人的印象可能也会很糟糕。因此，文献综述是确立你在某一领域的地位的一项重要指标。如果你能够熟练地列举出该领域值得阅读的文献，说明它们探讨了哪些问题、问题的本质是什么，那么他人对你的印象无疑会发生巨大改变。这就是为什么我们经常说"文如其人"或"见文如见人"。你所选择阅读的文献，实际上反映了你作为一位研究者的层次和状态。

其次，文献综述的目的是梳理文献的脉络，了解研究是如何进行的，经历了哪些调整，现在又处于怎样的状态。只有这样，才能了解文献展示了怎样的故事，并在此基础上进一步完成自己的研究。文献综述的作用之一，是帮助读者找到在文献地图上的方向。

第三章 文献综述

它告诉读者哪些领域已经得到充分探讨，不需要再进行研究；哪些领域仍然有许多未被充分研究的问题，可以进一步探索。在这种情况下，我们需要形成共识，朝着共同的方向发展。否则，如果只是简单重复进行已经得出结论的研究，我们将无法获得新知识，甚至浪费时间和精力。

进行文献综述的过程就是学习的过程。通过文献综述，我们可以了解进行一项研究需要遵循的程序、使用的方法以及适用的标准。可以与他人进行对话和比较，可以学习借鉴前人的经验和做法。这些目标的达成将进一步证明文献综述本身所具有的关键功能和独特价值。

总而言之，进行文献综述的目的是展示你的品位，呈现过去研究的成果，明确值得研究的问题，并与现有研究保持一致。这些方面是进行文献综述最重要的目标，也大致确定了文献综述的方向。

当前的文献数量庞大，每天都有海量文献涌现出来，可能一个人一生都读不完，甚至连一个特定研究领域的文献也无法逐字逐句地阅读完。因此，我们需要有所取舍，有选择地阅读文献。我们要思考哪些文献值得阅读，如何阅读这些文献，以及如何批判性地归纳和总结这些文献。这些问题对于文献综述非常关键。

首先，我们需要思考哪些文献值得阅读。在这个方面，可以首先考虑期刊。例如，经济学、社会学、管理学、政治学等，每个学科都有一到两本最重要的期刊，这些期刊通过长期积累，在相关领域形成了良好的声誉。也有一些综合学术期刊，汇聚了各个学科领域的重要研究。国际学术期刊通常由国际知名学术机构或学会主办，并经过同行评议系统的严格审查，在相关研究领域具有较高影响力，获得了广泛认可。除了期刊，还可以关注学术会议论文集、重要学术著作，以及前沿研究领域的关键作者等重要学术动态。这些都是值得阅读和研究的重要资源，每个研究人员都应建立自己的一套文献阅读体系。

选择了值得阅读的文献后，关键是如何阅读这些文献。一个重要方法是，通过细致阅读、批判性阅读，深入理解文献的内容和观点，在此基础上提出问题、分析数据，进行实证研究，并思考这一过程对我们的研究课题有何贡献。

最后，批判性地归纳和总结这些文献。我们需要对各个文献之间的联系和区别进行比较和分析，并从中提炼出重要的观点、研究方法和理论框架，为研究提供一个更全面、更准确的理论基础。

总的来说，选择值得阅读的文献，深入理解和分析这些文献的内容，并进行批判性的归纳和总结，这些步骤都是进行文献综述的关键环节。通过这样一个过程，可以建立一个坚实的研究基础，并为研究工作提供有力的支持。

二、哪些文献值得一读

我列举了值得一读的国内社科类期刊，供感兴趣的读者阅读（见表 3-1）。从概率的角度看，这些期刊上发表的文章应该不会太

第三章 文献综述

差。当然，其他期刊也会有很好的文章，但是需要通过其他途径进行检索。现在有太多期刊可供选择，我们需要考虑在哪些期刊上投入更多的时间和精力。

表3-1 一些值得一读的国内社科类期刊

类别	期刊
各个学科的顶级期刊	社会学：《社会学研究》《社会》 经济学：《经济研究》《经济学》（季刊） 管理学：《管理世界》《管理学报》 政治学：《政治学研究》《世界经济与政治》 公共管理与政策：《中国行政管理》《公共管理学报》
综合类期刊	《新华文摘》、《中国社会科学文摘》、"中国人民大学复印报刊资料"系列刊

在特定领域中，有一些期刊具有广泛的知名度，一提到它们，大家都会知道。在这些期刊上发表论文，有助于树立学者的学术地位，我们可以重点考虑。举例来说，如果研究社会学，应该阅读哪些社会学期刊？如果研究管理学，应该阅读哪些管理学期刊？对此，我们提供了一些示例。在笔者研究的公共管理与政策领域，就包括《中国行政管理》《公共管理学报》《公共行政评论》《公共管理评论》《公共管理与政策评论》等学术期刊，我们会定期浏览和阅读这些期刊并进行排序。每当一本新期刊发布时，会关注其中是否有感兴趣的问题，并选择一些文章进行阅读。

还有一些综合类期刊，即为各个学科设有专栏的期刊，虽然每年可能只有几篇文章涉及某个学科，但恰恰是这些文章不容忽视。

"中国人民大学复印报刊资料"系列刊、《新华文摘》、《中国社会科学文摘》属于二次发表的期刊,这里刊发的论文一般是在原始期刊发表后,因其重要性或影响力等引起编辑关注而被重新收录的。例如,"中国人民大学复印报刊资料"系列刊每个学科都有一本专辑,每期的文章都是该学科最重要或最前沿的,值得一读。通过阅读这些期刊,可以了解自己学科领域的最新研究成果和前沿动态,这有助于自己保持学术敏锐度和更新专业知识。

选择并阅读在特定领域具有声誉和影响力的期刊,可以为研究提供重要参考和启示,并帮助我们与学术前沿保持接触。当然,并不是说每本期刊都必须阅读,关键是这些期刊是否发表了与你的研究相关的文章,以及这些研究是否契合你的研究。

在国际期刊方面,我列出的清单见表3-2,涵盖不同学科、不同领域,比如政治学、经济学、社会学、管理学以及公共管理与政策。表3-2里有一部分期刊名称使用了缩写,如果是该领域的专业人士,就应该知道这些缩写代表的是哪些期刊。

表3-2 一些值得一读的国际社科类期刊

类别	期刊
各个学科的国际顶级期刊(Top Journals)	经济学:AER、JPE、QJE、RES、*Econometrica* 政治学:APSR、AJPS、JOP、CPS、WP 管理学:ASQ、AMR、AMJ、SMJ、JAP、JOM 社会学:AJS、ASR 公共管理与政策:JPART、PAR、PA、JPAM、*Governance*、PSJ、PMR

第三章 文献综述

续表

类别	期刊
具体领域的一流期刊（Top Field Journals）	*Research Policy*、*World Development*、*Land Use Policy*、*Regulation & Governance*、*Urban Studies*
中国研究期刊（China Studies Journals）	*China Quarterly*、*China Journal*、*Journal of Contemporary China*
综合学术期刊（Comprehensive Academic Journals）	*Science*、*Nature*、PNAS

换句话说，如果我给你一个简称，你不知道它是什么，基本上可以判断你还没有进入该领域，相当于还没有入门。如果你连这些期刊上的文章都没有阅读过，就可以认为你没有真的从事该领域的研究。就像我们谈论学科入门的"身份证"一样，这项测试就是一次身份检验。

除了上述学科期刊，还有一类是某个学科内特定研究领域的期刊，不属于一般学科范畴，但是同样具有重要性。例如，如果研究科技政策，*Research Policy* 就不容错过；如果研究扶贫问题，*World Development* 就应是案头必备。

当然，我们更多关注的是中国，因此专注于中国问题研究的期刊尤其值得关注。这些期刊并不隶属于特定学科，只是专门关注中国这个地区，关注发生在这片土地上的人和问题，比如 *China Quarterly*、*Journal of Contemporary China* 等。这些期刊的作者可能是中国人，也可能是能够说汉语的外国汉学家，还可能是对中国非常熟悉的海外学者，这些期刊研究的问题具有鲜明的中国特色。对于文献综述来说，这是非常关键的，因为从国内和国外的视角看待同一个问题，会得出不同的结论，这将给我们的研究带来非同寻常的启发和触动，这也是我们要阅读这些期刊的原因之一。

还有一些综合性学术期刊值得一读，比如自然科学领域的 *Science*、*Nature*、*Proceedings of the National Academy of Sciences*（《美国国家科学院院刊》），也会刊登一些社会科学研究文章；*Social Science Journal*、*Social Science Quarterly* 等，不属于某个特定学科，但是会刊登许多相关论文。这些期刊以其非凡的学术价值和公认的行业引导力而广受尊崇，自然成为文献综述的丰厚资源。

如上列举的重要国内和国际期刊，可以订阅，也可以利用它们的网站服务。如果是英文期刊，可以在其网站上注册。每当有新的论文发布时，网站会把这些论文免费发送到你的邮箱，这样你就可以查看期刊目录和论文摘要。如果购买了这些期刊，还可以下载全文，这样就可以非常方便地了解学术前沿。

三、如何检索文献

除了期刊，还可以通过搜索引擎获取文献进行阅读，例如谷歌学术、百度学术、微软学术以及中国知网等，大家可以通过这些网

第三章 文献综述

站搜索相关文献。不过,像学位论文这样的学术文献,一些学校出于版权等方面的考量,并不与中国知网等搜索引擎建立数据共享。如果你所在的大学图书馆拥有学位论文馆藏,图书馆网站搜索引擎可以帮助你搜索这类文献。

在使用知识类搜索引擎时,需要摸索并掌握其规律,以更好地完成搜索,比如使用不同的关键词、使用关键词的组合、进行时间限定等。如果方法得当,就可以更好、更快地找到目标文献,并进行良好的整理。

首先,要尽可能地聚焦和明确搜索范围和边界,而不是盲目地进行搜索。一是围绕关注的概念或变量选准关键词;二是搜索要有选择性,方向要精准。以"职业倦怠"为例,英文为"burnout",当搜索"倦怠"这个词时,会发现相关文献非常多,因为这个概念很多人都有体验,包括基层公务员和企业职员在内,他们都可能感到倦怠。所以需要进一步聚焦,聚焦到你所研究的是公共部门还是企业,是高层管理者还是基层员工,是专业人士还是综合管理人员。你还可以聚焦影响倦怠的因素或者倦怠对其他因素的影响。这样有选择性地检索,才能确保涵盖所有重要的相关研究,不遗漏任何内容,进而为全面的研究综述提供支撑。要以批判的态度看待这些研究,特别是判断这些文献是否回答了你想要解答的问题,是否存在一些值得关注的不足之处。

其次,进行文献综述时要时刻更新,跟踪最新研究进展。比如,半年前进行了一次文献综述,那么半年后应该去查看所关注的文献是否有更新，是否有最新的研究为你提供新知识。科技发展日新月异，你不能指望一份文献综述在五年后依然保持其价值，那时它可能已成为明日黄花。

在进行文献综述时，一定要有所取舍，选择阅读与研究最相关的文献。这就像武侠小说中的江湖。在江湖中行走，首先需要了解江湖上有多少个门派，哪些门派是历史悠久的名门正宗，谁是最强的、是掌门还是新秀。你不可能与所有门派中的人都切磋，只需要找到最强的对手过招。只有在了解了这个江湖的门派分布和实力后，才能确定这个江湖的格局，以及你在江湖中的地位。

文献综述的关键是从浩如烟海的众多文献中找出最重要的文献和作者，厘清他们之间的关系，对相关文献进行排序，并确定自己的位置。这是一种重要技能，也是文献综述的核心。在文献综述中，我们不是在夸耀别人有多厉害，而是在表明自己有多厉害。就像在江湖中行走一样，打败了像"华山派"这样的大门派才会被认为是厉害的；如果只是打败一个名不见经传的门派，就无法证明你的强大。因此，在进行文献综述时，找到合适的目标对象是非常关键的。

我们经常提到的"二八原则"同样适用于研究领域，即20%的人做出了80%的贡献。在这种情况下，要选择的文献必须来自这20%，而不是另外的80%。如前文提到的职业倦怠，谁最早进行了研究，谁的研究最出色，谁最近在研究，我们就与谁对话和较量。

第三章 文献综述

文献的规模、类型和结构,在文献综述中非常关键。

要明确的是,文献数量并不一定要太多。通常情况下,一篇期刊论文的参考文献在 40~60 篇。在这个范围内,要关注最经典的文献,即谁最早研究了这个问题;要关注最前沿的研究,即刚刚发表的文献。在这个过程中,期刊论文是最主要的参考文献来源。

我们不建议引用学位论文,因为学位论文通常没有发表,质量参差不齐,可能无法达到你期望的水平;也不建议直接引用百度百科、互动百科等百科类网站的内容,因为这类网站内容随时在更新,并不清楚是哪些人为这些词条提供了信息。如果发现百科类网站上有相关内容,可以查看参考资料,并参考原始材料,而不是直接引用。

进行文献搜索时,需要注意文献之间的联系。你的文章会有参考文献,同时也可能被其他文章引用,这样就形成了一条文献链。基于这个文献链,可以搜索到所有相关文献,并将它们像一种网状结构一样展现出来。于是,哪些文献参考了其他文献,又被其他文献所引用,都将一目了然。这样一来,你会发现参考文献具有一定的结构,而不是零散的片段。结构化的参考文献就像江湖门派一样,其位置、重要性以及与其他文献相互交织的关系共同形成了一种典型模式。一旦有了这种模式,就能很好地定位参考文献,并明确你与这些参考文献之间的关系,而这就是我们强调的学术文献搜索和定位,它在进行文献综述时非常关键。

我们强调要尽可能地追踪学术前沿,保持对最新研究的敏锐性，甚至成为前沿研究中的一员。有许多方法可以追踪学术前沿。

首先，通过谷歌学术等各种搜索引擎，可以关注一些作者。这些作者一旦发表最新文章，网络就会自动把这些文章推送到你的邮箱，这样你就不会错过了。还可以订阅关键词或特定文献，只要有相关引用，就会收到提醒。这种订阅服务非常有用，可以使你保持对前沿研究的敏感度。

其次，一些期刊提供了提醒服务。一旦订阅了这些期刊，只要有新的一期出版或新的论文被录用，相关消息就会被发送到你的邮箱，这样你就知道最新动态了。你还可以参加一些学术会议。不论是线上还是线下的学术会议，现在都非常活跃。在学术会议上，作者通常会用 10 到 20 分钟的时间呈现其研究的精华，这种现场聆听是一种了解学术前沿的高效方式。

你还可以浏览一些网页或网站提供的工作论文。所谓工作论文，指的是发表流程正在进行中，尚未发表且未经过审查的论文。这些论文是最新的研究，但从投稿到发表可能需要 1 年到 5 年的时间，而作者在完成论文后会迫不及待地想与大家分享。你可以访问作者的个人主页、与作者邮件联系，或者浏览一些专门存储工作论文的网站，这些都可以帮助你获取最新研究成果。在 ResearchGate 等学术社交媒体平台上，可以追踪一些作者，与他们交流；在广为人知的财经刊物《哈佛商业评论》及其线上平台上，你可以了解很多商学方面的最新研究；在社会科学研究网（SSRN）等媒体上，你可以捕捉到编译后的最新研究成果信息。这些都有助于你更好地

第三章 文献综述

了解学术前沿。

我们强调多读的重要性，即使是泛读也要努力做到这一点，因为只有通过多读才能形成自己的认知体系，培养自己的审美能力。一旦看到一篇文章，在阅读标题和摘要之后，就能判断这篇文章是否值得阅读和参考。这种判断力需要经过长期的磨炼。例如，读完50篇乃至100篇文章之后，会自然而然地形成这种能力。这种能力无法通过简单的教导获得，但是通过不断摸索、试错和碰撞，你会慢慢找到这种感觉，找到自己与文献之间的纽带。这样一来，你就能够更好地驾驭文献。当然，像前文所述的"二八原则"或江湖门派一样，找到那些在你的研究领域中声名显赫的关键人物，试着学习他们，包括阅读他们的系列作品、了解他们的学术脉络，是一种已经被反复证明了的追踪学术前沿和形成学术传统的好方法。

高质量的期刊、学术搜索引擎、通过个人途径进行的检索，等等，都是确定哪些文献应归入文献管理库并加以阅读的重要条件。积累值得一读的文献，还有很多其他途径，比如老师的推荐或朋友的介绍、偶然间发现的一篇文献等。这些方法只要运用得当，都将助力文献综述。

四、如何阅读文献

在讨论文献综述时，可以学习和借鉴一些方法。如果某人的文献述评写得出色，完全可以向他学习，尤其是学习他的方法论。强烈推荐大家阅读一本书，即罗杰斯所著的《创新的扩散》（罗杰斯，2016）。这本书于 2003 年出版了英文版的第五版，此后，作者过世，该书未再版。令人印象深刻的是，即使是第五版，这本书所引用的参考文献依然非常丰富，其参考文献超过 100 页，几乎涵盖了所有与创新和创新的扩散相关的研究成果。这些研究成果在书中的定位很容易让你理解它们为何被引用。如果你已经进行了创新的扩散研究，但在本书中未能找到相应内容，只能说明你的研究未能进入作者的视野，或者作者认为你的研究还不太重要。

作为创新扩散领域的一部宝典，这本书的内容最初是作者博士论文中的一章，后来发展成了一部经典之作，其所涵盖的各个方面有助于我们深入了解创新扩散领域的研究范围、研究进展和创新情况。读完这本书后，你会对良好的文献综述的特点有更清晰的认识，这种认识对于撰写优质的文献综述将大有裨益。

在进行文献综述时，我们在获得相关文献资料后，必须思考如何阅读这些学术资料。我们推荐的文献阅读方法，是通过阅读来形成对文献综述的理解，提升对文献的把握能力。对于学术文献，首先需要考虑的是选择阅读哪些部分。其次，还需探讨如何进行阅读。文献的阅读量庞大，我们常常无法穷尽每一篇文献。在这种情况下，常见的策略是将深度阅读与泛读相结合，有选择地聚焦少数关键文献，然后通过泛读来了解其他文献的基本情况，并抓住其梗概即可。

第三章 文献综述

深度阅读方面，最典型的是涉及该领域关键内容的文献。其中，首要的是那些经典文献，它们最早对某一问题进行了研究，可能产生在50年前或100年前。这些文献必须阅读，因为它们可以帮助我们回溯历史，理解当时人们为何提出这个问题，以及为什么要进行这样的研究。这些问题尽管在现今看来可能显得理所当然，但在当时却可能是备受关注的重要问题。

在一个研究领域的演进中，有些研究具有重要的分水岭和里程碑意义。一旦到达某个时间节点，人们便认识到该研究值得关注，甚至达到了科学上的突破，是该领域的佼佼者，或者说是特定时期的关键研究。若未阅读这些文献，则无法明了当前研究的变革。

深入研究前沿、经典和里程碑式的研究，检查你研究的问题是否已有相关的文献综述，才能明确你的研究与它们的关联何在，以及不同之处在哪里。否则，可能会导致重复研究，而重复研究并不具备研究价值。

以职业倦怠为例，可以查看是否有最近的系统文献综述。如果有，就仔细阅读，了解作者主要参考了哪些文献，以及哪些文献特别重要、哪些不可或缺，这将为你提供深入阅读的指引。

除了必读文献外，也可以浏览其他文献。所谓浏览，即查看标题、摘要，最多看看引言和结论。有时候，仅仅查看摘要就足够了。这些文献并非最重要的主流文献，但是确实与你的研究相关。在这种情况下，只需要了解它们的方法和结论，而无须逐字逐句地阅读。

在阅读文献时，不仅要读，还要边读边写边思考。在阅读完文献后，用自己的话对这项研究进行总结。总结不用太长，可以是100字、200字或300字。在阅读完一篇文章后，可以闭上眼睛，思考一下这项研究的核心内容，然后用自己的话写下来。这段总结将成为你未来论文的重要内容，而且不会涉及抄袭或其他问题。

如果文献中包含精彩的金句，也就是特别精辟的段落或句子，可以将其抄录下来，要用双引号引用，同时标注页码，以备将来直接引用到文章中。这样一来，一旦完成了文献阅读，就能轻松地在文章中引用它，而不必再回头查看文献。

许多同学在电子文献上做了大量标记，使用不同颜色、不同符号，标记得非常清楚；然而第二次打开这份文献的可能性却几乎为零。因为新的文献大量涌现，与其花时间进行标注，不如考虑在阅读并吸收其中的精华后销毁。这类似于在学习英语时阅读一本英语词典，读完一页并记住所有单词后，就将其撕掉。这样一来，你知道如果不记住，无法再回来查看，就会千方百计地记住它们。

在阅读文献时，一般不需要逐字逐句阅读并标注，只有对极少数文献我们才需要逐字逐句去读。应该假设自己第二次阅读的可能性几乎为零，所以在每次阅读时都要记录最关键的信息。如果有这种心理准备，阅读效率会很高。如果缺乏这种心理准备，总是认为会有第二次机会来读，那么每次阅读的效率就会很低，效果也不会好。因此，在阅读文献时，精读和泛读要结合起来，而精读只适用于极少数文献。

政策扩散是许多学者研究过的一个现象，指的是某个城市推出

第三章 文献综述

了一项新政策,其他城市随后也实行了类似的政策。举例来说,一个城市启动了公共自行车计划,随后另一个城市也推出了类似的计划(马亮,2015a)。这两个城市之间存在时间的先后顺序,这就引出一个问题:为什么某城市看到其他城市采用了某项政策后,也决定采用相似的政策呢?在这种情况下,政策传播、政策扩散和政策推广的过程就会形成,而这种现象在社会保障、经济管理、科技政策等许多领域都会出现。

若要深入研究政策扩散问题,在政治学和国际关系领域有大量文献可供参考。要理解这些文献,需要考虑哪些文献值得精读。我们可以将其分为四类,见表3-3。

表3-3 与政策扩散有关的四类文献

类别	文献
经典	Walker, J. L. (1969). The Diffusion of Innovations among the American States. *The American Political Science Review*, 63 (3), 880-899.
里程碑	Berry, F. S., & Berry, W. D. (1990). State Lottery Adoptions as Policy Innovations: An Event History Analysis. *The American Political Science Review*, 84 (2), 395-415.
前沿	Boehmke, F. J., Brockway, M., Desmarais, B. A., Harden, J. J., LaCombe, S., Linder, F., & Wallach, H. (2020). SPID: A New Database for Inferring Public Policy Innovativeness and Diffusion Networks. *Policy Studies Journal*, 48 (2), 517-545.

续表

类别	文献
文献综述	Shipan, C. R., & Volden, C. (2012). Policy Diffusion: Seven Lessons for Scholars and Practitioners. *Public Administration Review*, 72 (6), 788-796. Gilardi, F. (2016). Four Ways We Can Improve Policy Diffusion Research. *State Politics & Policy Quarterly*, 16 (1), 8-21. Berry, F. S., & Berry, W. D. (2017). Innovations and Diffusion Models in Policy Research. In C. Weible & P. A. Sabatier (Eds.), *Theories of the Policy Process* (3rd ed.). Routledge.

首先是经典之作。若研究政策扩散，将不可避免地追溯到1969年Jack Walker的一篇文章，这篇文章是最早从扩散的角度研究美国各州政府的政策在不同州之间的传播情况的。他以50个州为分析单位，研究了80多项政策创新的传播过程。当然，从现在的角度来看，他的方法可能会受到质疑，但他是首位提出这一问题并尝试回答的学者，因此此文被认为是经典之作。如果你未阅读此文，或不知其存在，那么很难宣称你已深入研究政策扩散。

其次，要关注里程碑式的研究。这些里程碑式的研究直到1990年才崭露头角，即在经典研究后经过了长达20年的时间才出现。其中一篇论文是一对姓Berry的夫妇写出的，Berry夫妇致力于研究美国各州通过彩票筹款来创新的政策，他们研究了这种政策在各州是如何传播的以及其背后的影响因素。他们的论文之所以成为该研究领域的里程碑，是因为他们引入了一种全新的方法，被称为

第三章 文献综述

"事件史分析法"(event history analysis)。这种方法虽然在其他领域早已被广泛采用,但是在政策扩散领域却是首次尝试,因而彻底改变了政策扩散领域的研究方法论。在此之前,没有人使用这种方法,但是此后的所有研究几乎都采用了这种方法。如果不采用这一标准方法,你的研究成果可能无法发表。因此,如果不阅读这篇文章,你将无法了解这一文献是如何演变而来的。此后,学者们又发展出"成对事件史分析法"(dyadic event history analysis),这种方法成为当前政策扩散研究的"标配"。

再次,应该关注最前沿的研究。最近几年内发表的关于政策扩散的研究成果比较前沿的包括:政策创新的程度、政策的创新性、将多个政策进行比较,甚至构建指标来衡量不同地区的政策创新程度。如果阅读了这些前沿研究成果,就要考虑是否可以开展类似的研究,并使用更好的方法。

最后,可以查阅一些有关政策扩散的文献综述。其中一个典型的文献综述就是我们提到的 Berry 夫妇所写的章节,它包含在《政策过程理论》这本书中。Berry 夫妇用一章对政策扩散的相关文献进行了很好的总结。可以将这本书视为一个指南,以了解该领域值得关注的研究和理论进展,以及未来应该研究的方向。类似的文献综述还有很多,包括方法、实践启示,等等。

有了这种文献综述的指导,进行自己的文献综述就会相对容易。然而,要强调的是,大家不应该抄袭这些文献综述。每篇文献综述都是从独特的视角总结一个领域的文献,因而你的总结也会有所不同。换句话说，历史事实是客观存在的，但是每本历史书都有不同的视角、脉络和线索。文献综述也是如此，它们可以为你提供启发，告诉你哪些方面值得关注，但是如何组织自己的文献综述则是另一回事。因此，当我们阅读学术文献时，应该将那些需要深入阅读的文献视为标签，用来标记文献地图和未来研究方向。

在大量阅读文献的基础上，才能从模仿发展到创新。在阅读文献时，不仅要考虑内容，还要全方位学习，站在先驱研究者的肩膀上进行自己的创新。这就要求我们首先要找到那些先驱研究者，了解他们的工作，然后才能在他们的基础上发展自己的研究。所以，在选择阅读材料时，建议大家深入了解自己所在的研究领域，看看谁在某个问题上做得最深入、最出色、最持续，就将谁作为学习的榜样。

我们常说的一句话是"求乎上得乎中，求乎中得乎下"，这意味着我们应该关注最优秀的研究成果。如果专注于顶尖的研究，可能会产出高水平但是次优的研究成果；然而，如果将注意力放在较差的研究上，那么就难以在学术领域有所突破。因此，通常需要考虑如何找到最出色的研究人员和学者，然后深入学习他们的方法。这种学习是全面的，可以追踪他们研究的演进，了解他们参与了哪些学术会议、与哪些人合作研究。还要关注他们在哪些期刊上发表文章，以及他们的论文是如何逐步发展的。毕竟，通常一项研究会有工作论文、会议论文，最后才是期刊论文。有时候，作者会公开展示这三个版本，甚至会展示他在会议上的演示文稿（PPT）。

这种全面的了解可以帮助你理解研究是如何从无到有的，这样的学习和模仿通常会带来更好的效果。久而久之，你可能会逐渐采用这位作者的视角来思考问题，思考哪些问题值得研究以及如何进行研究。在这个过程中，你的文献阅读能力将达到较高水平。在这种高水平的文献阅读中，你会获得全新的见解。基于这些见解，你有可能成为该领域内公认的专家之一——这正是进行文献阅读要追求的效果。

五、如何批判性地综述文献

在进行文献阅读时，我们不应该仅仅是在简单地阅读，还要同时记笔记和进行思考。这种思考，更准确地说是批判性综述，其关键在于识别文献中存在的问题、不足和缺陷，以及如何在此基础上进一步完善这些文献，并提出自己的见解。在此，我们讨论文献综述的类型、程序，以及如何进行批判性的文献综述。

文献综述分为两大类，一类是一般性的文献综述，另一类是以荟萃分析（meta-analysis）、系统综述（systematic review）为代表的量化综述。综述的类型各不相同，需要考虑如何明确定位。通常情况下，我们会进行一般性的文献综述，有些情况下可能会执行系统综述。如果你掌握相关方法，还可以进行荟萃分析。

首先是一般性的文献综述，它更强调从不同角度来探讨文献，考察文献所处的背景和情境，回顾相关研究的历史发展脉络，以及概述文献所涉及的方法和理论。因此，不同文献综述有不同侧重点，这会导致综述方式的差异。文献综述需要探讨关于已有研究的相关问题，包括该领域研究的发展历史、采用的方法以及产生的概念和理论。

其次是荟萃分析和系统综述。一般性的文献综述通常带有较强的主观性，与作者阅读的文献数量和对文献的情感或观点密切相关。荟萃分析和系统综述与一般性的文献综述有显著区别，更加强调对某一领域进行全面扫描和评估。例如，荟萃分析经常在医学领域广泛应用，因为该领域涉及对某种疾病的评估，或者对一些药物的效果的评估。有关某个问题的研究可能有多个，根据需要会分别使用小白鼠、其他实验动物甚至人类进行实验。在这种情况下，就需要收集所有研究成果并重新分析它们的数据。这相当于呈现所有研究的综合成果，并最终得出一个结论，即该药物是否有效，以及是否存在副作用。因此，这种综述性证据在推敲和验证关键结论方面非常可靠。

医学领域的研究经常遵循循证医学模式，即每隔一段时间就会执行荟萃分析，向临床医生呈现该领域的研究进展，告诉我们这个领域的问题是否已经有了明确的答案，是否值得继续研究。通常来说，研究者会总结该领域的整体趋势，并提出明确的诊疗建议。

系统综述与荟萃分析类似，但是不会进行复杂的综合分析，而

第三章 文献综述

是更多地关注对基本事实和结论的描述。它通常进行一些简单的描述性分析，虽然也具有总结性，但是相对于荟萃分析来说方法更为简化，相对于一般性的文献综述来说则更为系统。举例来说，关于某个问题，系统综述可能会考察在这个领域进行了多少研究，这些研究来自哪些国家，采用了什么研究方法，等等。因此，我们将其称为系统综述。这种方法在许多领域都有广泛应用。对于某个概念，比如前文所述的职业倦怠，就可以进行一项系统综述，研究这个概念的定义和测量方法，它可能受到哪些因素的影响，并带来什么样的后果和影响。

在进行文献综述时，程序和步骤相对直接明了。需要先明确综述的主题和范围、综述的学科领域和关键词。例如，可以选择综述中文文献或英文文献，或者限定在某个时期的文献。文献检索的关键词可能需要多次调整，不要期望使用一个关键词就能搜索到所有相关文献。举例来说，"职业倦怠（burnout）"最初的翻译不一定是"职业倦怠"，可能还有其他类似的翻译过来的概念。你在搜索文献时需要考虑这些可能性，尝试使用反义词或近义词进行搜索。因为相关文献不仅限于一个确切的概念，还可能会使用其他概念，所以需要反复进行文献检索。

可以选择感兴趣的某个概念进行搜索。在搜索的过程中，先定位到相关文献，然后查看这些文献的参考文献，并进一步追踪哪些文献引用了它们。在这种情况下，会形成一个包括前后文献发展脉络的长文献清单，并构建一个文献网络。这样，进行文献综述时，就会有一个明确的脉络可供追踪。

通常情况下，可以使用一些指标来筛选文献，以便更有效地进行文献综述。例如，被引用次数较多的文献通常是重要的参考资料。文献的发表时间也可以作为一项指标。早期文献可能具有经典性，而最新文献可能代表前沿研究。可以通过这些文献以及它们的参考文献进一步搜索相关文献。此外，基于文献引用链的后续搜索，也有助于找到相关研究。主流学术文献搜索引擎通常非常友好，能够帮助你轻松检索这些文献。

在检索到这些文献后，需要浏览它们，深入了解内容，并选择值得深入阅读的文献。在此基础上，需要对这些文献进行评估，确定哪些文献与你的研究特别相关且重要。这样的方式可以帮你节省时间和精力。在这个过程中，记住阅读与写作同等重要，即要记录信息并用自己的话总结文献，这有助于更好地吸收文献的内容。文献综述的正文内容需要与参考文献一一对应，并按照相应的引用和标注格式进行规范引用。

在文献综述中，非常关键的是确保其具有结构性。需要对文献进行分类，确定它们涉及哪些问题，采用了哪些研究方法，并根据时间框架将其组织成一个分类体系。然后，将这些分类方式应用到文献综述的各个部分，达到我们所期望的文献综述效果。这样一来，文献综述就会呈现结构化的特征，可以借此讲述故事，介绍该领域的文献发展历程，探讨最早的研究、后来的方向转变以及当前的研究方向，等等。

第三章 文献综述

无论如何，文献综述都应当是结构化的。结构化意味着需要清晰地划分这片"森林"，明确各部分之间的关系，而不是笼统地混在一起。应该告诉读者这些文献的发展情况，明确哪些研究出色，哪些可以简要提及，哪些问题得到了深入研究，哪些尚未涉及但是值得关注，以及这些研究使用了哪些方法，是否存在新的方法值得研究，等等。

文献综述通常包括叙述和评价两个方面，在叙述已有研究的基础上，需要进行批判性的评价。这意味着不能简单地陈述已有研究的成就，然后继续进行研究，而是需要批判性思考。需要明确告诉读者已有研究做了什么，取得了哪些成就；更重要的是指出它们存在的问题和不足，以及计划如何完善。

如果某些文献看似完美，没有发现问题和不足，那么就不需要在该方向上进行研究；正是因为文献存在一些美中不足，才需要进一步研究，以在其基础上做出贡献。因此，文献评价和文献叙述是不同的概念，应当避免简单地罗列文献，而不对其进行评估和批判。

需要注意的是，不同领域对文献综述的评价和认识有所不同。在某些前沿领域，相关文献相对较少，不需要在论文中专门讨论文献综述。可以简要提及文献综述，但是不需要通过单独章节来详细叙述。可以这样表述这种情况："在某某领域，前沿研究文献相对较少。一些研究涉及该问题，但是未触及实质性内容。因此，本文的研究具有开拓性，无须专门进行文献综述。"可以简要介绍这个情况，说明该研究非常前沿，且鲜有人涉足。此外，也可以阐述你的研究与哪些文献有联系，描述这些文献进行了何种研究，以及你的研究与它们的不同之处。在这种情况下，可以选择在引言部分进行简要介绍，而不必单独列出章节来讨论文献综述。

在评估文献时，要有选择性，这意味着要对文献进行结构化处理。有些文献可能需要详细叙述，其他文献则只须简要提及，但它们都应列在参考文献中。一些文献可能会被多次引用，而其他文献可能只在全文中出现一次，甚至不会被提及。文献综述的选择性至关重要，可以向读者传达明确的信号，指导读者了解哪些研究值得关注。这反映了作者对这些文献的掌握程度和驾驭能力，告诉读者哪些文献特别推荐阅读，哪些只是因为与读者的研究相关而被提及。

综上所述，文献综述中非常重要的一点就是必须具备批判性，基于已有研究进行评价，并有选择地进行综述。此外，要确保文献综述有结构性，以便读者能够看到一个清晰的"地图"或框架，而不是杂乱无章的信息。这些方面是进行文献综述时值得关注的要点，只有更好地运用和发展这些技能，文献综述才能达到预期效果。

第四章　理论构建

在理论构建的过程中，我们会经历许多挑战和迷茫，因为理论的每一步前进都充满巨大的困难。但同时，这个过程本身也具有极大的吸引力，因为理论建构的过程让我们不断接近知识的极限，推动理论向前沿迈进。

一、理论至关重要

在深入进行研究设计时，我们实际上是在进行理论构建，需要思考的核心问题是如何构建理论。正如我们所强调的，研究的核心是回答理论问题，所以研究工作通常围绕理论展开。如果一项研究没有理论支持，或者没有对理论及其构成要素进行讨论，那么这项研究可能会失去活力和缺乏生命力。因此，理论构建是研究设计中需要特别注意的关键问题，在进行研究时必须始终记住。

理论构建涉及许多重要问题，需要明确何为理论，以及什么不是理论。理论构建的首要部分是概念化，因为只有拥有概念，才能构建理论。因此，在讨论理论构建时应关注三个主要问题，它们都与理论构建密切相关。首先是如何形成概念，或者说是如何形成概念化的过程。其次是研究理论及其构成要素，明确定义理论的本质。最后是理论构建过程，即理论是如何形成的。

在有关选题的讨论中，我们强调选题不是在没有理论和概念的情况下进行的，因为选择研究问题本身就需要有一定的理论和概念指导，而理论和概念在这个过程中起到了关键作用。理论就像是夜晚中的路灯，为我们指明了方向，帮助我们找到需要的答案。然而，有时候理论可能照亮了某个领域，但是问题却不在那里，这时候我们需要重新考虑理论的适用性。因此，理论在研究中扮演着非常重要的角色，它们就像我们戴的有色眼镜，可以塑造我们的世界观和价值观，影响我们对问题的看法。总之，理论不仅指引人们的研究方向，还深刻影响着人们对世界的理解和观察。

二、概念化

概念化（conceptualization）指如何形成概念。概念体现为如何描述所关注的现象，如何为它命名、如何定义它，如何赋予它一个恰当的名称或标签，以便将它与其他现象区分开来。这是概念化的

第四章 理论构建

核心问题。

概念经常涉及"是什么"的问题，即将现象 A 描述为现象 B。这意味着我们试图用现象 B 来反映现象 A，或者建立现象 B 与现象 A 之间的联系。在社会科学研究中，我们常常会面对一些非常复杂或难以精确定义的概念，如信任、领导、动机、合作、协同等概念都是非常复杂且微妙的。当我们试图定义这些概念时，通常会面临挑战。

举例来说，领导的概念是一种成对出现的关系，涉及领导者和追随者。如果没有追随者，领导者就不再是领导者，而只是独立的行动者。因此，在定义领导的概念时，需要考虑领导者对追随者的影响力，以及追随者对领导者的依附关系，这可以视为领导的定义。

再比如，当我们尝试定义信任时，涉及展示自我的脆弱或者将自己置于不利地位的情况。信任意味着相信对方不会对我们采取不利的行动，即使我们展示了自己最脆弱的一面。以借钱为例，这是一个典型的信任场景，可以说清楚信任是什么。如果信任某人，你可能会毫不犹豫地直接借钱给他。如果对他缺乏信任，你可能会采取一些额外措施，例如签署欠条、寻找担保人或要求抵押物，这些措施旨在确保如果对方不还钱，你至少不会遭受损失。然而，如果你真的信任对方，那么这些额外的保障措施就不再必要，因为信任会让你将自己置于一个不太有保障的位置，但是你依然相信对方不会对你不利。在这种情况下，你可以看到我们对信任的定义，以及对信任概念的探讨，与其他概念存在显著差异。

　　类似情况也适用于其他许多概念，比如人们常常讨论的绩效、满意度等。我们会对这些概念进行定义，并将其与其他概念加以区分。以绩效为例，我们常常强调绩效涵盖多个维度，包括效率和效果。效率指的是正确地做事情，效果则表示做正确的事情，二者是不同的概念。效果意味着达到特定目标，效率则表示通过较低的成本或在较短的时间内实现这一目标。我们区分这些概念，并通过这种方式对概念进行标记，赋予它们特定的含义。对于研究的现象，只需给它们贴上一个标签，明确它们所代表的意义即可。例如，人们提到的职业倦怠，是人们观察到许多职员表现出的一种状态，人们将这种状态总结为职业倦怠。

　　再举自闭症的例子来说明什么是概念化。最初，人们对自闭症并不了解，甚至不知道它是一种特殊的疾病。刚开始，人们观察到许多孩子呈现这种状态，但是用现有的精神病学概念无法准确描述它。这时，我们需要创造一个新的概念，即自闭症，以便更好地描述它。

　　概念化实际上是一种分类体系（taxonomy）或类型学（typology）的发展，意味着通过分类来区分不同概念，而这些概念背后代表不同的现象。举例来说，现在对人类进行分类，可以根据不同年代划分出不同群体（如"80后""90后"），这些群体与之前的群体有所不同。此外，我们会给某些群体贴上标签，这些标签意味着它们与其他群体不同。因此，分类在社会科学领域的发展非常重要，

第四章 理论构建

甚至在整个科学研究领域也具有重要意义。

以生物分类为例,一开始人们根据生物的一些特征来进行分类,例如它们是四足动物还是两足动物。随着科学的发展,人们会根据它们的基因来分类,查看它们与其他生物的亲缘关系。分类体系的不同反映了人们对概念的不同认识,也导致不同的概念发展脉络。

首先,需要确定概念的明确定义(definition)。我们在完成研究的文献综述后,会针对与研究主题相关的概念及其定义进行讨论。值得注意的是,某个概念可能有多种定义,需要总结并提出我们认为最合适的定义,这个定义将指导我们的研究方向。

其次,定义概念时需要考虑概念的维度(dimension),即概念包括哪些方面以及这些方面之间的关系。以绩效为例,它包括效率、效果等不同维度,或者其他相关方面。再如,领导力这一概念可以分为不同类别,如变革型领导力和交易型领导力。我们将概念分成不同维度,每个维度下还有更加详细的子维度。这种维度和层次的划分,有助于更全面地理解和研究概念。

我们将各种不同现象总结为一个概念,而这个概念反过来又可以应用于这些现象。这些现象可能是分散的、孤立的,但是通过一个概念来将它们联系在一起,就能够形成一个有结构的、可理解的概念。概念具有整合和统领这些现象的作用,据此可以更好地进行对话,否则,可能陷入鸡同鸭讲的尴尬:你使用的概念和我使用的概念不同,尽管我们所指的现象可能是相同的。

原始社会的人们面对各种现象，却无法用语言进行总结，这导致沟通困难；即便有沟通，也只停留在表面。社会不断进步，发展出了一系列概念，用这些概念来描述某些现象，这些现象才开始受到更多关注，相应的问题才得到广泛讨论和解决。举例来说，近代引入了一些概念，如"民主"（德先生）、"科学"（赛先生），而这些概念在我国过去的词典中并不存在。我们引入了这些概念，并将它们应用到中国的现实情境中，特别是国家建设和科学发展等方面。概念在这个过程中获得了新的生命力。所以，概念化在理论构建中非常重要，没有概念就不存在所谓的理论。

如果你能提出一个新的概念，这意味着你正在创造一个新的研究领域和新的理论发展方向。有时候观察到一些现象，但是无法找到合适的词或表达方式来描述它们，这就需要具备强烈的深入思考和反思能力，并提炼和发展新的概念。这也解释了为什么有些人擅长提出新的概念，而这些概念可以帮助人们重新认识这些现象。

举例来说，"内卷"是近些年来比较流行的一个概念。内卷最初用来形容生物领域的现象，后来用来描述中国小农经济领域的现象，现在则广泛用于生活中的许多方面。这表明概念是会演变的，而且具有生命力，概念的本质也随着时间的变化而发生变化。

理论构建的起点是进行概念化，即提出一个新的概念，使用这个概念来命名和描述现象。现象与概念是一一对应的，有时几种现象可以归结为一个概念，或者一个概念可能包括多个维度，每个维度对应现象的不同方面。这些都是进行概念化的关键步骤，也是评

第四章　理论构建

价概念化成功与否的主要标准。

当我们观察新现象时，需要考虑已有的概念是否能够解释或描述这一现象。我们应该思考是否有必要引入新概念，以取代既有的概念。目前已经有了丰富的概念资源，关键在于能否明智地选择合适的概念。盲目创造新的概念，只会混淆不同概念之间的界限，也会使我们对现象的全面、深入的理解变得更加困难。

总而言之，我们需要在两方面取得平衡。一方面，要积极发展和创造新概念。另一方面，要考虑如何将现有概念应用于研究中，甚至赋予它们新的意义。在尝试提出新概念之前，我们应该反思是否已有概念可以有效地描述现象，或者是否可以通过适度调整和扩展已有概念来适应研究需要。只有在这些尝试不成功的情况下，才应考虑引入新的概念。当我们提出新概念时，必须做好充分准备，明确它与其他概念的区别，确保我们提出的概念是独特的，从而能够在更广泛的范围内获得认可和接受。

在概念化方面，需要理解概念和构念（construct）的不同。概念可以被视为一种抽象的表述，通常是需要进行测量的对象。构念则是对概念的一种结构化表述，有时也可以称为概念的多个维度或侧面。社会科学研究中的概念通常是复杂而微妙的，与自然科学的观察对象相比，它们需要更深入的分析。

我们可以从多个角度对概念和构念进行分析，区分不同类型的概念或构念。首先，可以把构念分为显在构念（manifest construct）和潜在构念（latent construct），而二者之间存在明显区别。有些概念或构念是明显的，可以看得到、摸得着；有些则是潜在的，无法直接观察或测量。显在构念通常涉及物理或生理方面的属性，例如身高和体重，这些属性相对容易测量。但是，还有一些潜在构念，如自尊心和魅力，无法用直接的测量工具来衡量，需要其他方法策略，或者只能通过感知来理解。因此，这些构念具有一种只能感知而难以言传的特性。社会科学研究中使用的许多概念都属于潜在构念，这也就意味着我们必须借助各种工具来进行测量。

此外，概念可以分为单维构念（unidimensional construct）和多维构念（multidimensional construct）。单维构念指的是不需要进一步分解的概念，可以通过一个维度来测量，尽管每个维度可能包含多个具体指标。多维构念则更为复杂，需要通过多个维度来完整描述，每个维度下还可能有多个具体指标。

多维构念可以比喻为一个树状结构的概念，顶层是大的概念，底层包含多个小的概念，而每个小概念都可以细分为不同维度。社会科学研究中存在许多这种复杂的多维概念，例如绩效、领导力、信任、合作、协同等。这些概念实际上由多个相互关联的子概念构成，因此需要认识到它们不是单一的概念，而是由多个构念构成的结构性概念。在进行测量时，需要仔细考虑如何将这些概念转化为变量，从不同维度出发，采用不同指标进行测量。

让我们通过"行政负担"这个例子，来详细说明概念化的过程。这个概念在公共管理领域广泛应用，是近些年受到高度重视的研究问题（马亮，2022b）。行政负担涵盖了企业和普通市民在与政

第四章 理论构建

府互动时需要承担的各种成本。例如，普通市民在与政府打交道时，如果感到门难进、脸难看、事难办，就是行政负担的典型表现。当然，行政负担也涉及公务员在履行职责时所面临的成本，尤其是基层公务员的各种负担。基层公务员通常面临重大的负担和压力，这也是为什么我们强调要减轻基层负担。

在这个概念中，"行政"涉及政府的运作，而"负担"意味着成本、负荷或压力。将这两个概念结合起来，就形成了"行政负担"这个新的概念，表示"行政"引致的"负担"，它可以用于描述前文所述的各种现象。这个概念具有强大的抽象和总结能力，可以通过它将看似不同的现象加以分类和总结，从而更好地提炼出用于进一步研究的普遍性理论。这个概念可以普遍地解释许多不同现象，尽管这些现象在表面上看起来各不相同，但是其背后的逻辑却是相似的，因此，我们提出了一个通用的概念。而之所以称之为构念，是因为它具有内在的结构。行政负担的结构可以分为三个维度，包括学习成本、合规成本和心理成本。

学习成本指的是人们在与政府互动时，需要了解相关规则、规定程序、需要的材料、指定的地点、办事步骤等。这意味着人们需要掌握一系列知识，例如什么是一式两份、单反面复印、A4纸、合格的照片标准等。特别是对于那些一个人一辈子通常来说只会进行一次的事务，比如领取结婚证，就不希望出现任何错误。因此，需要详细了解所有程序，包括是否可以异地办理、工作日和节假日的开放时间，以及是否需要提前预约等。而所有这些要求都构成了学习成本。

第二个成本是服从成本或合规成本，即人们要满足政府提出的各类要求，需要付出一定的代价。例如，前些年，如果需要办理身份证，那么必须前往户籍所在地。在这个过程中，需要请假、支付交通费用、准备照片，等等，这一系列成本都属于服从成本或合规成本的范畴。

对于企业而言，工程建设项目审批涉及许多不同要求，而这些要求通常需要企业积极配合。企业为了与各个相关部门协调配合，不得不频繁奔波。我们常说的"跑断腿"，对此形容得十分贴切。在这个过程中，企业需要支付各种费用，准备各种必要或不必要的文件和材料，还需要耐心等待很长时间。所有这些因素构成了服从成本或合规成本，并成为企业难以承受之重。

第三个成本是心理成本，即在这个过程中所产生的心理压力、焦虑、不满等。人们在处理政府事务时，可能会遇到不友好的态度，或者得不到明确答复，这些因素都会对人的心理产生负面影响，构成一种典型的心理负担。

行政负担分为三个维度，它们之间具有明确的差异，但是又互相关联，缺一不可。行政负担与三个成本维度之间形成典型的总分关系。我们可以将这三个成本维度融合成行政负担的概念，或者反过来，将行政负担分解为这三个成本维度。

不论是在进行文献综述时，还是在研究对话中，我们都使用相同的术语和词汇进行交流，以避免出现概念混淆带来的问题，确保

第四章 理论构建

能够构建一个有机的知识体系。否则，如果我使用这个概念，而你使用另一个概念，尽管我们都在研究同一个问题，但是由于使用的概念不同，我们将无法进行有意义的对话，也不会认同彼此为同道中人。在这种情况下，研究可能会分散、零散，最终导致知识的碎片化，从而难以构建一个系统性的知识体系。

当你提出一个新的概念时，首先要全面考虑已有概念，看看它们是否能够清晰地解释这个现象。如果不能，那么需要思考这个新概念与已有概念有何不同。概念史的梳理可在研究中发挥重要作用，它关注的是哪些概念适用于特定现象，以及这些概念是如何演变的。概念化是进行理论构建的第一步，也是最为重要的一步。一旦概念明确，就能够建立概念之间的关系，从而构建理论。如果不能做好概念化，将很难进行有意义的学术对话，也难以形成清晰的学术脉络。

在概念化的过程中，建议大家反过来考虑自己的研究问题。首先，思考所关注的现象可以用哪些概念来概括，它们之间是否存在相关性，以及这些概念之间有什么区别。其次，还要思考以下问题：使用的概念如何定义？它的结构是什么样的？这个概念包括哪些维度？是否已经考虑了所有可能的维度？是否可以提出新的维度？

以行政负担为例，除了学习成本、服从成本和心理成本之外，可能还存在其他成本，例如道德成本。在人情社会中，人们在办事的过程中可能需要通过特定方式来达成目标，无论是借助关系还是通过其他方式（马亮，2022a）。这可能会导致一些看不见而不被公开的成本，这种道德成本与心理成本有关，但是二者存在很大差异。在这种情况下，行政负担的概念得到了创新，进一步丰富了这个概念本身。原本这个概念包括三个维度，现在则包括四个维度，甚至可能是五个维度。在这个过程中，人们对这个概念本身做出了贡献，也对相关理论做出了贡献。这正是概念化的过程。

希望大家能够考虑你们关注的现象和问题，探究其究竟涉及哪个概念，这个概念应该如何定义，包括哪些维度，它的结构是怎样的，等等，这些都是关于概念化非常重要的问题。总之，概念化是研究中的关键部分之一，有助于理解和定义复杂的社会现象，并为理论构建提供关键要素。这些定义随着时间的推移而逐渐发生变化，概念化则使其变得更加清晰和深刻。

三、理论化

在理论构建的过程中，经常需要考虑理论化的问题，这类似于概念化。理论化指构建理论的过程，相当于建立一个理论框架，用以解释社会现象。我们在研究理论时，主要关注的是这种理论是否具备一些重要功能，包括描述、解释和预测社会现象等。理论既有描述功能，也有解释功能。就描述功能来说，理论主要用于刻画某些现象的特征，特别是其分布和结构。例如，在历史上，无论是中

第四章 理论构建

国的五行理论,还是西方的四元素理论,都试图描述世界的构成方式,将其高度抽象为四个或五个元素,以便描述各种事件。

就解释功能来说,理论可以用于阐释现象的原因和结果,而这对于发现可行的政策措施以达到管理目标尤为重要。举例来说,我们经常谈到养儿防老,认为一个人如果养育更多的孩子,尤其是男孩,那么在老年时就能够得到更多保障。这是一种因果关系理论,即:要有子女养育,才能有养老。再如高薪养廉,也是一种因果关系理论,认为如果政府给予公务员更高的薪酬,就会使他们保持廉洁,不参与贪污腐败。如果你坚信这种理论,你就会认为应该提高公务员的薪酬,为其提供更好的收入和待遇。

此外,理论也具备预测功能。例如,在股票交易中,有些人根据特定理论建立股价波动模型或与某些指标相关的理论,通过这些理论预测股价的未来走势。理论预测的准确性往往取决于理论的构建方式,以及理论与特定指标之间的联系。因此,理论具有多种功能,并与我们的生活密切相关,甚至影响生活的便利性。

上述这些论断都可以称为理论,它们描述了这样一种情形:如果采取某种行动,就会导致什么结果。我们生活的世界充满了理论,几乎每一项决策都会考虑到相关理论。例如,如果现在进行投资,会对将来产生什么影响?如果现在选择从事某项工作,将来会有什么结果?所有这些情况都涉及理论的选择和应用,可以说理论在很大程度上驱动和指导(如果不是奴役的话)我们的生活。

理论可以通过不同方式进行表达。例如,理论可以以命题的形式提出，主要涉及概念之间的关系，尤其是因果关系。概念和变量之间是一对一的对应关系，当具体化到变量时，理论关注的是变量之间的因果关系。通常情况下，我们会将概念具体化为可测量的变量，而变量是指能够发生变化的对象。身高可以高，也可以低；股价可以升，也可以降，都是能够变化的现象。所以，变量与常量是不一样的，常量恒定不变，而变量是可以变化的。

我们在研究中通常关注一些具有差异或不同的现象，这些现象对理论研究非常重要，因为这些现象促使我们探究这些差异为什么存在、其背后的原因是什么。因此，理论化的关键在于深入探究现象背后的原因，并对其可能导致的结果进行预测。换句话说，我们试图理解的是社会现象的前因后果：为什么某个现象会发生，这个现象可能引起什么样的结果。

不同类型的研究设计与理论存在不同的关系。演绎法更多地用于发展和验证理论，归纳法则更多地用于从现象中提取和发展理论。换句话说，归纳法更多地用于提出理论，而演绎法更多地用于验证或检验理论。因此，它们对应的研究方法和研究设计有所不同。定量研究通常使用演绎法，而定性研究或质性研究通常使用归纳法。所以，它们在理论化方面存在明显差异。

在理论构建的过程中，必须考虑所构建的理论意味着什么，以及涵盖哪些方面。理论通常具有不同的层次，包括宏观理论（如理论框架或范式）、微观理论（如假设、命题），以及中观或中层理论（如理论模型）。在讨论理论时，必须了解理论所处的层次。例如，

第四章 理论构建

高薪养廉可以被视为一种微观的具体理论。变革型领导理论则是典型的中层理论，涉及一系列复杂结构。与领导力相关的理论更多属于宏观理论，往往无法具体化，却统领着整个研究领域。

所构建的理论的层次取决于研究的性质，不同性质的研究需要构建不同层次的理论。宏观理论通常建立在前人研究的基础上，并被用于指导我们的研究。举例来说，马克思主义是一种宏观理论，具备强大的解释力和适用性。它的核心概念能够引导我们观察世界，并有助于改造世界，从而衍生出多个理论模型、理论命题和理论假设。宏观理论为我们提供了重要指导，以便进一步发展其他理论。相对来说，社会科学研究更多关注微观理论或中层理论。在学术论文中，我们通常关注微观理论或中层理论，很少构建宏观理论。

这里以专家型领导理论为例来说明如何进行理论化。近来，我们注意到一些研究特别关注某些政府部门或专业组织的领导者是否具备专业背景，是否是内行领导内行而非外行领导内行。专家型领导理论表明：内行领导内行，组织绩效会更好。因此，专业组织应该由专家来管理，因为专家管理会带来更好的绩效。如果领导者在专业领域积累了丰富的知识和经验，那么组织可能会收获更好的绩效。而如果领导者对组织管理的专业领域一无所知，即外行领导内行，那么专业组织可能会表现不佳，甚至出现重大问题或疏漏（刘杨 & 马亮，2022）。

专家型领导理论具有广泛的适用性，比如体育竞赛团队、机场、卫生健康委员会、医院、大学等专业性较强的组织都存在类似情况。大量研究都支持专家型领导理论的论断，说明它具有强大的解释力（古多尔，2011）。一个组织的领导层若不是内行，该组织的绩效可能会较差。这是一种经典理论，它将领导力的专业程度与组织的绩效联系在一起，论证了组织绩效和领导力这两个概念之间的关系。

在构建理论时，我们必须认识到一种理论应包含多个要素以及这些要素具体是什么。一般来说，理论包含四个要素，即什么（what）、如何（how）、为什么（why）、情境（context）［情境又具体包括何人（who）、何地（where）、何时（when）］（Whetten, 1989）。构建理论模型需要考虑这四个要素，其中第一个要素涉及关注的概念或变量是什么，即需要明确关注哪些概念或变量。第二个要素指这些概念或变量之间的关系是正相关、负相关还是非线性的关系。第三个要素研究这些关系为何存在，即它们成立的原因是什么。第四个要素研究这些关系在何种情况、条件或时间下成立，或者在何种情况下可能会发生变化。这四个要素是理论模型构建的核心，它们有助于深入理解人们感兴趣的研究领域。

除此以外，当我们进行理论构建时，预设（assumptions）或前提条件也是非常关键的要素。理论模型的适用性通常受限于特定情境或条件，因此理论需要建立在一系列前提条件或假设之下，而这些前提条件为理论提供了基础和背景。这些前提条件为研究提供了方向和限制，确保研究的合理性和可行性。因此，在进行理论构建

第四章 理论构建

时,需要明确理论的前提条件,这些条件是建立和验证理论的基础。它们帮助确定何时、何地以及在什么情况下理论可能适用,从而确保理论的可靠性和适用性。

以专家型领导理论为例,它强调领导者的专业程度与组织绩效之间的正相关关系,并从组织内部和外部两个方面论证其理由。专家型领导理论适用的前提条件是研究人员关注的是专业组织,而该组织存在具备专业知识的领导者。

我们在阐述理论时通常会使用框架图,这有助于清晰地呈现我们所关注的概念之间的关系,为什么存在这些关系,以及这些关系在何种条件下会显现出来。这种图示法有助于可视化地呈现理论模型,并使其更容易理解,但是需要根据具体研究来设计。这也有助于研究者明确理论中各个要素之间的关系,为进一步研究和验证提供指导。总之,清晰的理论构建是研究工作的基础,有助于更好地理解和解释现象。

值得注意的是,概念之间的关系可以呈现多种可能性(见图4-1)。有时候,我们会遇到直接的关系,图示的 X 和 Y 之间就存在一种直接关系。它们也可能存在间接关系,比如中介效应,即 X 通过 I 影响 Y,在这种情况下,变量会通过一个中介过程发挥作用。还有一种情况是调节效应,即环境条件的影响。如果改变变量 M,变量 X 和 Y 之间的关系可能发生变化。换句话说,X 和 Y 之间的关系受到变量 M 的调节,或者说变量 M 在这个关系中起到调节作用。

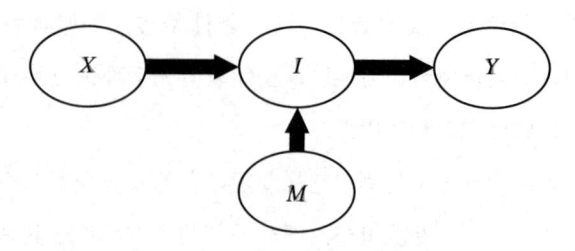

图 4-1 概念之间的关系的多样性

我们可以通过一种经典的理论来说明调节效应，即资源诅咒理论。这是一种知名理论，它解释了一个非常有趣的现象。在中东地区和非洲等地一些资源丰富的国家，尤其是自然资源丰富的国家，国家治理通常较差，国民的平均收入较低，社会贫富差距也较大。中东地区拥有丰富的石油资源，理论上来说国家的收入应该很高，但是，实际上这些国家的治理往往很糟糕，很多国家仍然采用君主立宪制。类似的情况也出现在非洲，这些地方拥有丰富的钻石资源，但这些钻石却是"血钻"，因为当地居民的生产生活条件非常恶劣。

又如，一些资源型城市拥有丰富的煤矿等不可再生资源，但是当地居民从中获益很少，还要承受环境污染等方面的代价。因此，我们说上天是公平的，他赋予你一种资源的同时，可能会剥夺你在其他方面的资源。资源诅咒理论表明，对于那些拥有不可再生自然资源的国家，资源越丰富，国家的发展和民生福祉可能越差。这意味着自然资源的丰富程度同国家发展和福利水平之间存在负相关关系。

第四章 理论构建

然而，这一理论并不能解释所有国家的情况。例如，挪威、丹麦和芬兰等北欧国家，不但拥有丰富的海洋和石油资源，而且国家的发展和治理非常出色。因此，资源诅咒理论可以解释一些国家的现象，但是不能解释所有国家的情况，这表明其解释能力存在一定的限度或边界。后续研究发现，资源诅咒理论的成立与国家的制度有关（Mehlum et al., 2006）。如果国家的制度质量较高，就不会出现所谓的负相关关系。但是，如果国家的制度质量很差，那么就会存在资源丰富与国家发展之间的负相关关系。所以，资源诅咒理论成立与否取决于一个国家的制度质量。国家的制度质量通过调节资源与发展之间的关系来发挥调节效应。我们可以清晰地看到资源诅咒理论在何种情况下会成立，其中，制度质量是一个非常重要的因素。

构建理论时，需要考虑以下四个关键方面。首先，明确定义关注的概念是什么。其次，深入研究这些概念之间的相互关系。再次，必须探究为什么这些关系会存在。最后，分析在什么条件下、什么时候以及对哪些人来说，这些关系会成立。通过这些步骤，可以建立一套完整的理论，并构建相应的理论模型。研究人员需要在这些方面深思熟虑，如此才能构建有力的理论。

四、理论构建的技巧

在致力于构建理论时，需要考虑一些关键技巧和方法。在社会科学研究中,通常将学者分为不同水平:第一流的学者致力于理论的发展,第二流的学者专注于方法的发展,其他学者则在具体领域内使用实证研究方法对理论进行检验。由此可见,理论构建在研究中占有重要地位,所有研究都围绕着理论展开。在研究过程中,关键问题是确保构建的理论具有可持续性。因此,需要考虑如何以创造性的方式构建理论。在这一方面,有多种技巧可供选择。

需要培养开放性思维,考虑多种可能性,而不局限于当前见到的情况。理论和现实之间存在差距,原因之一是理论往往有悠久的演化历史,而我们只是截取了其中一部分。这并不意味着另一部分不存在,只是因为我们尚未经历或尚未达到那个阶段。我们所处的国家可能正好处于理论谱系的一小部分,其他国家则位于理论谱系的其他不同的部分。因此,我们需要富有创意的思维,需要勇敢地展开想象、积极发展理论。我们可以思考许多看似不可能的情景,设想如果这些情景变为现实,结果会是怎样的。

我们所追求的理论是一种反事实的叙述,即"如果……会怎么样"。因此,尽管我们面对的现实是某种情况,但需要考虑的是如果情况发生变化,会有怎样的影响。只有这样进行理论设想,才能达到理论构建的预期效果。在构建理论时,想象力是非常关键的因素,它在很大程度上决定了我们是否能够跳出既有的思维框架,挑战自己的思维局限。

理论的边界通常要大于现实的边界,因而需要向前和向后思考。向前思考意味着要考虑为什么某一现象发生,以及影响它的因

第四章 理论构建

素和机制。向后思考则是要考虑这一现象可能引发的影响,以及哪些影响是可预期的、哪些影响是意料之外的。前因后果的思考对于建立理论至关重要,因为理论涉及变量或概念之间的因果关系。

当然,我们不仅需要考虑下一步的因果关系,还要考虑未来几步的因果关系。理论构建是一个逐步推演的过程,它可以在现有研究的基础上不断发展和丰富。在理论构建的过程中,需要进行多层次的思考,类似于下棋时的长远规划。我们不能仅仅考虑下一步,还要思考未来几步。这意味着理论构建是一个逐层推演的过程,已有研究可能只是将理论向前推进了一步,而我们需要进一步将其推进到第二步、第三步……从而不断丰富和发展理论。

此外,理论构建也涉及打开"黑箱",解释现象背后的深层次机理和机制。我们需要深入思考一种现象是如何形成的,它的发展历程是怎样的,这样才能更好地理解这种现象。理论构建类似于打开"黑箱",也就是说,我们看到一种现象,更重要的是要解释它背后的形成机理和作用机制。因此,不能仅停留在观察现象本身,还需要深入思考这种现象的起源和形成过程,这有助于更好地理解现象的本质。

我们还需要考虑现象存在的特定条件以及理论的适用范围。在这种情况下,情境化思考或基于情境的思考变得非常关键。目前,许多理论都源自西方国家,是在西方国家的政治体制和文化土壤上发展起来的。但非常关键的是,我们需要思考这些西方理论是否适用于中国,以及在中国是否可以提出一些原创的本土理论(谢宇,

2018)。

边燕杰等学者提出了强关系和弱关系的概念，这些概念是基于他们的观察形成的新理论，用于解释中国与其他国家在社会关系和社会结构方面存在的差异。这些理论的发展对于增进我们对社会的理解，以及适应不断变化的世界和社会环境都至关重要。所以，在构建理论时必须考虑理论的边界在哪里，以及这些边界是否能够融入我们的理论框架。这种考虑将有助于推动我们更深入地思考这些理论。

例如，中国文化通常是以集体主义为主导的（Hofstede，2001），其所存在的社会现象，在一个以个人主义为主导的社会，可能会出现不同理解，我们也需要思考如何解释这些现象。在这种情况下，集体主义和个人主义成为有价值的变量，帮助解释为什么在不同国家相同的现象可能导致不同的影响，以及这些现象背后为什么存在不同的驱动因素。因此，在构建理论时应该探索已有理论，看看它们是否可以用于构建新的理论，并考虑这些新理论是否能够产生预期的效果。这有助于我们建立更具广泛适用性的理论，在不同国家和不同情境下都能得出不同但有相似作用机制的结果。

在构建理论时，有一些优秀方法可以参考。例如，有学者提出"三步走"的理论化过程，强调变化、选择和保留这三个方面（Weick，1989）。首先，注意所研究的现象之间的差异，了解它们是如何随时间发生变化的。其次，明确研究的问题，清晰地陈述这个问题，通常这个问题涉及解释某种令人困惑的现象。再次，进行思想实

第四章 理论构建

验,提出一系列猜测或假设,思考如果情况发生了不同的变化会有怎样的结果。最后,从中选择最合理的解释。在选择的过程中,需要确定一个标准,用于判断哪些猜测是可行的、有趣的,以及能够深刻解释现象的。这一过程需要一定的尝试和探索。举例来说,当我们面对一个现象时,需要思考如何解释它。这个过程涉及多个因素,需要考虑哪些因素是主要的,哪些因素导致了其他因素的发生,它们之间的关系是怎样的,等等。

我们会提出各种猜测,甚至绘制概念模型来解释这些猜测。这些模型以图形方式表示,其中包括代表概念的框框和反映概念之间关系的箭头。我们会绘制不同版本的模型图,用来解释这个现象,最终得出一个相对令人满意且自洽的理论模型。当然,这个理论模型是否成立,还需要在现实中进行验证,而这是后续进行研究设计时需要考虑的问题。

总之,理论构建是一个包括聚焦问题、清晰表述概念、进行思想实验、选择和检验在内的过程。在理论构建的过程中,可以借鉴一些通用方法,如明确问题、进行思想实验、选择最佳解释等。这些方法和步骤有助于我们更好地理解和解释复杂的现象,以帮助我们构建有力的理论框架。但是,理论构建是一个反复思考和倒推的过程,需要不断往复循环。当我们面对一个复杂的现象时,可以提出多种解释,反复思考哪种解释最为合理。

如果实现了理论构建的目标,那么所构建的理论就是自洽的、逻辑合理的,而且能够经受住推敲。当然,这种理论是否能够经受住检验，需要在后续的研究中通过恰当的研究设计来进行验证。因此，理论构建的过程意味着需要借鉴相关文献，了解与所研究现象相关的概念及其影响因素。我们在理论构建方面取得了一定的进展，但是后续的工作将涉及通过适当的研究设计和实证研究来检验理论，以确保它在实际中是有效的。

有时候，尽管已有文献提到了很多影响因素，但是当我们仔细查看时，仍会发现这些因素都无法完全解释我们感兴趣的现象。当面对这种情况时，我们需要考虑引入一个新的概念或者新的影响因素，以尝试解释这种现象。或者说，如果没有人曾经将这种现象与某个结果关联起来，那么我们愿意尝试将这种现象与该结果联系起来。这实际上是一种构建新理论的方法，因为我们从未意识到这种现象与该结果之间存在联系，但是它们之间可能存在某种关联，因此我们会探究这种联系是否存在。

例如，我们观察到一些公司在应对紧急情况时愿意捐款，这种公司捐款行为就是一种有待解释的现象。在汶川地震、郑州内涝等案例中，受灾地区需要各方提供援助，我们看到许多企业都伸出援手，但是，这些企业的表现各不相同，捐款数额也有所不同。我们可能会提出一些问题：这些差异是否与企业的日常经营有关？是否存在民营企业、国有企业和外资企业之间的所有制差异？捐赠是否与企业的经营状况相关？是否盈利更多的企业更愿意捐款？捐赠是否与企业所属的行业相关？捐赠是否与企业所在地有关？等等。

针对这些问题，我们会给出不同解释，并仔细研究这些解释是

第四章 理论构建

否与我们观察到的现象相吻合。如果这些解释与观察到的现象相关联,那么我们会认为它们具有解释力。如果我们希望给出新的解释,就需要考虑一些除已知因素之外的其他未知因素。例如,我们可以关注企业创始人或总经理的特点,比如他们是否有过类似的经历,或者是否有某种特殊情感,驱使他们的企业进行捐赠。我们也可以考虑企业所在地是否受到其他因素的影响。有人会认为,如果企业所在地的社会奉献精神浓厚,企业感受到社会对奉献的期望,可能更愿意进行捐款或捐赠。在这种情况下,可以将当地的社会奉献精神与企业的捐赠行为联系起来,从而构建出新的理论。

我们需要深入探究所观察到的现象,以及其背后的影响因素和作用机制。值得注意的是,已有文献已经对许多影响因素进行了广泛研究,但是有时候它们忽略了在新的情境下可能会变得更加显著的因素。例如,某些影响因素在其他国家的作用不同于我国,需要根据实际情况提出一些新的影响因素,以充实和完善现有理论,使其在新情境中更加适用。这就是理论构建的典型过程,它遵循一系列特定的步骤和要求。

在理论构建过程中,必须清晰地表达和记录理论,并考虑如下一些关键问题。首先,需要明确研究是基于一种理论还是多种理论。选择使用一种或多种理论,通常依赖于研究对象的特点。其次,必须清晰地阐述为什么选择这种理论,即这种理论与研究有何关联。这需要明确理论的核心概念,以及它们与研究对象之间的密切关系。与此同时,需要对所选理论进行简明扼要的总结,包括理论的来源和提出者,以及该理论在学术界的主要争论。此外,还需要详细解释该理论的组成要素,阐明关键概念之间的相互关系,并探讨为什么这些关系存在,以及它们依赖的条件是什么。

在提出理论假设时,务必进行充分深入的论证。最好是使用表格,将这些理论假设清晰地列出,采用编号方式一一呈现,以便清晰表达理论假设。论证一个理论假设时,必须进行详尽的论证。首先,需要明确说明这种理论与研究的关系,以及其在研究中如何应用。其次,在提出理论假设时,应充分阐述其合理性。

如何对理论假设进行充分论证?第一,我们需要基于已有理论,对理论假设进行解释。第二,我们必须结合现有研究来检查是否存在相关研究,说明这些研究与我们的研究是否有关,并间接说明我们所提出的理论预期。此外,逻辑推断也是十分关键的,我们需要从逻辑上推断这个理论假设是否成立。这样一来,就可以清晰地阐述我们的理论假设,构建一种具有自洽性和说服力的理论。

在理论构建的过程中,一个关键点是要确保理论具有强大的穿透力和解释力。哈佛商学院已故教授克里斯坦森等人撰写的《你要如何衡量你的人生》,将许多企业管理理论应用到生活和工作中(克里斯坦森 等,2018)。你可能在学习过程中已经接触过这些理论,但是实际上它们与我们的生活和工作密切相关。如果我们能够成功发展理论,它们将会发挥重要作用,帮助我们描述、解释并预测未来发展,甚至指导我们的工作和生活。你需要找到合适的理论来解释你关心的现象,或者基于现有理论来构建新的理论去解释这

第四章 理论构建

些现象。你构建的理论需要具有新颖性，以意料之外或让人有全新认知的方式来发展理论，而不是简单地重复已有理论。我们渴望构建的理论是富有创新性的，能够让我们重新思考某种现象，或者引发我们对已有理论的反思。只有这样，才能推动理论的不断发展。

通常情况下，我们进行理论构建的目标并不一定是全新的理论，而是如何将新的理论与已有的理论联系起来，搭建起一座理论大厦，并对其添砖加瓦，从而使其逐渐完善。我们非常期待这种渐进式的理论发展，因为在这个过程中能够将新的思想与已有的知识相融合，并推动理论不断完善。

在理论构建的过程中，我们会经历许多挑战和迷茫，因为理论的每一步前进都充满巨大的困难。但同时，这个过程本身也具有极大的吸引力，因为理论建构的过程让我们不断接近知识的极限，推动理论向前沿迈进。当我们提出一种新的理论时，我们对研究对象的理解也会达到一个新的高度，这将反过来指导我们提升自我发展，更好地管理组织，并制定更好的公共政策。

第五章　变量测量

变量的测量在研究中扮演着非常重要的角色。判断测量是否可靠和可信是评价一项研究最关键的标准之一，因此要仔细考虑测量方法是否能够达到期望的信度和效度。

一、概念的操作化与变量的测量

在科学研究中，必须对观察到的现象进行详细描述，而这一描述的主要方法即所谓的测量。当我们构建理论时，需要对社会现象进行概念化，赋予其明确的定义并明确其结构。在此基础上，需要对概念进行操作化，而测量的本质就是对该概念对应的变量进行度量。例如，在讨论领导力时，我们可能会深入研究变革型领导力。这时，我们会关注变革型领导力的强弱程度，而这就涉及对这一变量的测量。

在进行变量测量时,需要考虑许多问题。相对于自然科学而言,社会科学的测量带来的难度和挑战更大。自然现象通常相对容易测量,因为我们可以轻松度量一个物体的长度、高度、速度等物理属性。然而,社会科学研究涉及人类的心理、动机、态度、行为等方面,对其测量常常面临巨大挑战。这也解释了为何在变量测量时我们需要深思熟虑,以确保测量能够达到预期效果。

我们可以举一个简单的例子,来说明为何变量测量具有挑战性。前文提到的一种理论很流行,叫"高薪养廉",认为如果给予公务员高薪酬,他们就能够保持廉洁,而不去贪污腐败。为了验证这一理论命题,需要建立公务员薪酬和政府廉洁之间的联系。然而,这项联系建立的前提是必须了解公务员薪酬的具体情况、政府廉洁的具体水平,以及二者之间的关联程度。这意味着需要对这两个变量进行测量。但是,公务员薪酬的测量看似简单,实际上却非常困难。与此同时,政府廉洁(或反过来说,政府腐败)的测量同样充满挑战。

在进行变量测量时,必须考虑多种因素。如果进行跨国、跨地区或跨部门的研究,就需要考虑到公务员薪酬的平均水平。不同地区和部门的公务员构成不同,其平均薪酬水平也会不同。考虑到薪酬的构成,需要确定它是否包括固定薪酬和可变薪酬。另外,各地区的公务员薪酬水平可能相同,但是购买力却不同,如何进行比较也是一个问题。因此,即使是对公务员薪酬这一变量进行准确测量也并不容易。这就解释了为什么直到最近几年,世界银行才建立了

第五章　变量测量

第一个跨国公务员工资数据库，收录了数百万名公务员的薪酬信息（Baig et al.，2021）。这一数据库使我们能够比较不同国家的公务员薪酬水平及一系列相关指标，与此同时也凸显了变量测量的复杂性。

比较起来，测量公务员薪酬相对容易，衡量政府廉洁程度则面临更加具有挑战性的问题。政府清廉水平或腐败程度是非常难以准确衡量的变量。有些人尝试通过统计与腐败相关的法院审判案件数量，或法院审判的涉嫌腐败的人员数量来衡量政府廉洁程度，然而，这却产生了截然相反的结果。举例来说，检察机关抓捕了大量贪污嫌疑人，那是否意味着该地区政府更加廉洁呢？如果反腐败行动非常有力是政府廉洁的表现，这就意味着该地区是廉洁的。反过来，如果抓捕的嫌疑人多意味着当地政府腐败，那就表示该地区不是廉洁的。所以，根据这样一项指标的正反两面性，很难确定是测量清廉还是反映腐败。

此外，还需要考虑我们究竟是在审视广泛的问题还是在审视特定的问题，是研究高层官员还是研究基层干部，是针对腐败的大案还是针对腐败的小案，等等，这些都会存在显著差异。具体来说，如果不采用数量化的统计指标进行评估，那么可以考虑从老百姓或企业的角度来衡量腐败程度。这主要是基于他们对政府清廉或腐败的感知，然而这时候我们常常会遇到一个棘手的问题，即大多数人对某个地区是否腐败的看法通常是主观的，或者说是基于道听途说而得出的，不一定能反映真实情况。这是因为许多人从未亲身经历过贪污事件，他们更多的是通过他人的口口相传来了解政府的廉洁情况。在这种情况下，我们面临一个值得深思的问题：是根据主观感知水平，还是根据亲身经历情况来衡量腐败？这个问题非常值得关注，也很难圆满回答。

由是观之，若要验证"高薪养廉"这一理论，必须测量两个关键变量，即公务员薪酬水平和政府廉洁程度。我们将政府廉洁程度视为因变量或结果变量，将公务员薪酬水平作为自变量或原因变量，希望在这两者之间建立一种关系，但前提是必须对这两个变量进行相当精确的测量。然而，在深入研究后发现这两个变量都很难精确测量。因此，在进行变量测量时，首先需要考虑的是测量的精确程度和测量的效度。其次需要考虑的是采用何种方法进行测量。例如，在测量公务员薪酬水平方面，可以测量薪酬的高低，或者具体金额是多少。同样，在测量政府廉洁程度方面，可以测量廉洁程度的高低，也可以使用数值来反映其程度，比如80%、70%等。因此，在测量过程中需要考虑测量的尺度和方法等问题。

在科学研究中，测量是一个至关重要的环节。我们强调实证研究的一个核心原则，即"无测量不实证"或"不测量无实证"。如果无法对所关注的现象进行测量，那么将无法展开研究，更不用说验证相关理论了。因此，测量是将变量转化为可操作的形式，通过特定指标来量化我们希望研究的现象。在这个过程中，必须考虑到一些现象可能较容易测量，而其他一些现象可能较难测量。

无论是高度、重量还是速度等物理属性，通常都相对容易测

第五章 变量测量

量，因为有可靠的工具和方法来帮助测量。然而，许多社会现象往往难以精确测量，甚至无法直接测量。在这种情况下，必须设法寻找其他方法来进行测量。例如，在我们的研究中，经常会涉及代理变量或代理指标（proxy）这个概念。当我们无法直接测量某一现象时，需要考虑使用一些间接的指标来进行测量。这些间接指标被称为代理变量，它们用来代表我们希望测量的现象。

在日常生活中，经常会出现代理指标的情况。举例来说，当我们想要评估一个学生的学习情况时，我们会将其考勤记录作为一项指标。尽管这项指标不能直接反映他在课堂上的学习表现，但是至少可以作为一项代理指标，帮助我们了解他的学习情况。这项指标可能不是直观的，但是不管从事什么类型的研究，测量都是一个不可或缺的环节，而且具有重要意义。在我们的研究中，不管是定量研究还是定性研究，都需要进行测量，只是测量的尺度、粒度和方法各不相同。相对而言，定量研究可以精确地测量，甚至可以精确到小数点后几位。定性研究也需要测量，尽管它的测量可能相对较为粗糙。定性测量通常更加具有描述性，关注的是定性特征，例如高低或强弱。但是，这并不意味着质性研究的测量方式不好，因为它的关注点通常更多的是定性方面，即是高还是低、是强还是弱。总之，无论进行何种类型的研究，测量都是一个必要环节。

在变量测量过程中，如果概念是包含多个维度的构念，那么它们的测量方法会有所不同。我们需要测量构念的每个维度，并最终将它们合并成一个变量，以便测量我们研究的概念，这就涉及降维的问题。如果熟悉统计分析，你就会了解因子分析和主成分分析等方法，它们的目的都是降低维度。通过降维，我们可以将众多指标合并成一个变量，用于测量需要研究的概念。

二、变量的测量尺度

当我们讨论变量的测量尺度时，有多种类型可供选择。我们通常将测量尺度分为三类：数值型数据（numerical data）、顺序型数据（ordered data）、分类型数据（categorical data）。第一种，数值型数据，一般是整数，也可以精确到小数点后几位。第二种，顺序型数据或定序变量，这种数据可以进行排序，但是不能像数值型数据那样进行精确的赋分或赋值，例如，年级可以用一年级、二年级、三年级等来表示，或者使用高、中、低的顺序表示。第三种，定类或分类型数据，这种数据通常不具备高低或强弱等方面的差别，而是表示不同类别，比如颜色可以用红色、黄色、蓝色等来表示。

不同类型的测量尺度会影响测量的精度和颗粒度。我们在研究时，一般情况下会希望测量的颗粒度越细越好。然而，并不是所有研究都需要追求极细的测量颗粒度。实际上，有些研究已经在特定的测量尺度上取得了令人满意的结果，无须进一步细化测量尺度。

第五章 变量测量

此外，不同测量尺度之间是可以相互转换的。通常情况下，我们开始时会获得细颗粒度的数据，随后可以将其转化为粗颗粒度的数据。比如，从数值型数据转化为顺序型或分类型数据。然而，反过来则不可能转换，除非具有相关信息支持。

有时，还可以将顺序型数据视为数值型数据进行处理。例如在问卷调查中，如果使用了 5 级李克特量表，如"非常不满意、不满意、一般、满意、非常满意"，可以将它们分别赋予 1 到 5 的分数，并视为数值型变量来进行统计分析。但是在通常情况下，我们会根据特定尺度来进行测量，而不会进行相应转换。

不同类型的测量尺度之间存在显著差异，而这些差异将直接影响我们选择的数据分析方法。举例来说，如果涉及数值型数据，可以运用多种统计分析方法。我们在后续学习中会涵盖大量基于数值型数据的统计分析方法。然而，当涉及顺序型数据或分类型数据时，只能使用有限的数据分析方法进行统计分析。

当然，我们可能会将不同尺度的变量合并进行分析。例如，因变量可能是数值型数据，而自变量可能是顺序型数据，反之亦然。在这种情况下，统计分析方法也会有所不同。这种差异是数据处理过程中不容忽视的重要因素。如果不清楚变量属于哪种测量尺度或计量尺度，那么就很难选择合适的统计分析方法进行分析。希望大家能够清楚记住这些测量尺度，它们可能会与不同统计方法结合使用。

数值型数据有多种类型，通常可以分为两大类：定比数据和定距数据。这两类数据有一些重要区别,其中最大的区别在于是否存在有实际含义的零值,以及数据的取值是否具有可比性。例如,定比数据可以回答谁是谁的几倍之类的问题,而定距数据只能比较数值的大小。

让我们通过一个具体的例子,来更清楚地理解定比数据和定距数据的差异。温度和体重都有零点,但是含义不同。在温度中,零度并不等同于没有温度,而是代表水结冰的临界点,表示水的温度正好达到结冰点,高于这个温度冰就会融化。然而,体重的零值表示没有重量,是指完全没有质量。因此,这两种零点有着不同含义,需要在分析时注意。

值得注意的是,体重可以用来表示一个物体的重量是另一个物体的重量的几倍,但是温度无法以相同方式加以表示。尽管如此,统计分析中通常会将它们放在一起,而不会严格区分。然而,定比数据和定距数据这两类测量尺度之间存在差异,我们也需要明确它们之间的差异。与此同时,数值型数据还可以进一步细分。例如,某些变量可能仅包含正数而没有负数,或者只包含整数而没有小数,或者局限于某个特定的取值范围。这些特点都可能会影响变量的分布特征,并需要选择适当的统计分析方法。

在我们的生活中,顺序型数据或定序变量非常常见。举例来说,教育程度可以看作一种顺序型数据,因为它可以按照小学、初中、高中、大专、本科、研究生等进行排序。然而,这并不意味着每种教育程度之间的差距都是相等的。本科通常需要上 4 年,而研

第五章 变量测量

究生可能只需要上3年,这意味着它们之间的差距不能用相同方式来比较。实际上,这些差距是无法用数值来准确衡量和比较的。因此,我们可能会使用一些数学代码来表示它们之间的差距,但是这些代码仅仅代表它们之间存在差距,并不具有实际含义。

分类数据或类别数据通常称为名义数据,因为即使使用数字代码来表示它,它也没有对应数字的实际意义,不是数值数据。举例来说,性别分为男性和女性,可以用0表示男性,1表示女性,但是0和1实际上没有任何数字意义,只是表示两个不同的性别。我们注意到,这种分类变量与之前提到的数值型变量和顺序型变量都有很大不同,在数据分析中它们也会产生重要差异。

在分类数据中,需要考虑一种特殊情况,即二分类变量。二分类是指数据只有两个类别,比如男和女、高和低。在这种情况下,通常将其称为虚拟变量或哑变量。在日常生活中,虚拟变量非常常见,因为我们经常需要做出"是"或"否"的选择。在数据分析中,虚拟变量是一种特殊的分类变量,经常用作十分重要的变量。换句话说,许多分类变量都可以转化为若干个二分类变量。

通常来说,如果分类变量有三个类别,可以使用两个虚拟变量来代表这个变量。例如,企业可以分为公有、私营和外资,我们可以将其转化为两个虚拟变量:是否为公有企业和是否为私营企业。如果企业是外资企业,这两个选项都是"否"。但是,如果企业是其中之一,比如公有企业或私营企业,那么其中一个选"是",另一个则选"否"。

三、变量的测量方法

应该认识到，在不同领域都存在变量测量，而且测量的方法、方式和工具各不相同。从社会科学的角度来看，主要使用问卷、量表等测量工具，以获取有关个体态度和行为的信息。当然，也使用访谈、观察等方式，并采用一些新方法。举例来说，心理学研究会使用眼动仪测量人的注意力分布，使用脑电图监测人的脑部活动。此外，通过穿戴设备、摄像头和传感器等许多物联网设备可以持续不断地采集各种数据，用于测量各种变量。我们可以提出创新性的测量方法，这本身就可以成为一项新研究，推动方法学意义上的创新。

社会科学研究的测量工具不断增加，测量方法不断进步，而测量频率也在快速提升。例如，人口普查成本很高，以前是每十年进行一次。但是，随着信息技术的迅猛发展，政府可以更频繁地进行人口普查，甚至可以每天乃至每时每刻采集数据。与此同时，人口普查的方式也发生了深刻改变，政府可以利用手机信令、搜索引擎、街景等大数据技术追踪人口变化。像人口普查这样更灵活多样、更高频的测量为我们更好地测量感兴趣的现象提供了更多机会。

测量方法多种多样，我们需要选择最适合的方法对变量进行测

第五章　变量测量

量。当进行变量测量时，我们通常会使用一些指标，并将这些指标合并，形成新的综合指标。例如，上证综合指数这样的股价指数将一篮子精选股票价格作为依据，通过一定的方法将它们加总起来，形成一个总指数，据此反映股票市场的总体状况。与每个单独股票的表现相比，综合指数更能有效地反映整个市场的变化状况。

物价指数、城市体检指数等综合指数，都是通过综合不同维度的测量数据，以合成的方式来反映某种社会现象的整体状况。与其了解某种现象的每个具体方面，我们更希望了解它的整体水平。所以，这种情况下通常需要综合使用多个不同指标进行测量，从而全面把握某种社会现象。比如，哪所大学好？为什么这所大学好？为什么那所大学不好？大学排名应运而生，满足了人们对大学评价的需求。一所大学涉及许多方面，尽管任何一个大学排名都不是完美无缺的，但是我们希望有一个总体指标来反映这所大学到底是好还是不好。

在进行变量测量时，需要考虑多种可能性。有些测量可以依赖官方数据，有些测量则需要自己采集数据。这些数据可能是一手数据，也可能是二手数据。因此，需要仔细考虑使用哪种数据。举例来说，我们经常关注国家和地区的GDP（国内生产总值），这个指标通常由官方统计部门每年或每半年、每季度核算和发布。然而，这些数据的可靠性有时会受到质疑。这是因为一些地方政府由于政绩考核压力，会操纵数据，导致数据的真实性受到怀疑。所以，在选择数据源时，需要审慎考虑。

在有些情况下，使用官方数据是可行的，但是也需要注意可能存在的数据失真问题。在数据的可信度受到质疑时，需要寻找替代性数据或指标，来更准确地反映社会现象的真实情况。在这种情况下，原有指标对应的变量测量并不精准，需要考虑一些替代性指标。比如，前总理李克强提出"克强指数"，通过考察用电量、铁路运输量和银行存贷款这三个关键指标，来反映一个地区的经济活力。这三个指标通常难以人为操控，因此更能准确地反映该地区的总体经济状况。

相对于仅仅依赖于 GDP 这一指标，使用"克强指数"可能更有利于全面评估经济水平。当然，也可以借助其他一些指标来反映经济状况。举例来说，我们会运用遥感卫星返回的夜间亮度数据，来反映一个地区的经济发展情况。这些遥感卫星监测的夜间灯光数据，可以反映一个地区在夜间的亮度。通常情况下，亮度越高，意味着该地区的经济活跃度越强。

在变量测量中可以选择从不同来源获取数据，既有官方数据，也有自己采集的数据。需要注意的是，官方数据可能会受到一些因素的干扰，从而引发一定的失真。因此，在使用官方数据时需要考虑其失真程度。如果失真程度较低，那么可以完全采用官方数据。否则，需要寻找一些替代性指标，考虑如何更好地测量变量。

在进行变量测量时，需要进行权衡和取舍，即：是使用研究对象自行报告的数据，还是使用通过观察获得的数据。在通常情况下，我们依赖大量问卷调查数据进行研究。例如，当我们发送问卷

第五章 变量测量

请调查对象填写时,这些数据是由被调查者根据自己的实际情况填写的。然而,我们必须认识到这些数据可能并不代表真实情况,因而我们对其真实性会有一定程度的怀疑。与此同时,也需要考虑调查对象是否会诚实地报告信息,是否愿意协助填写这些问卷。

相对而言,通过观察获得的行为数据可能会更真实地反映实际情况。行为数据通常更难以伪造,也更加可靠,因为它们是客观存在的。行为留下了实际迹象,能更好地反映我们所要测量的对象。但是,观察法会涉及更高的成本,并且需要考虑是否能够获得被观察者的同意。与此同时,观察也可能引发一些伦理挑战,比如保护被观察者的个人信息。

测量变量时需要综合考虑上述多种因素。无论是依赖自报数据还是依赖观察数据,都可能存在一定的缺陷。在这种情况下,通常会综合使用多种测量方法,以便获取更全面、更准确的数据,从而更好地了解研究对象。比如,采用"三角测量"或"三角检验",将不同测量方法进行比较,综合考虑多个数据来源,从而更全面地进行测量。

还以前文所述的"高薪养廉"为例,我们可以采用多种途径来测量腐败程度(过勇 & 宋伟,2015):查看检察院、法院的案件统计数据;了解民众对政府的评价,以及企业对政府的评价;调查受访者,了解他们中有多少人亲身经历或遭遇了与腐败相关的事情。通过这样的多元方法可以更全面地评估某个地区的腐败或廉洁程度。尽管某个单一指标可能不够稳定,但是通过综合考量多个指标，就能更加全面地了解所测量的变量的实际程度。

当然，变量测量不仅涉及定量研究，还涉及定性研究。在定量研究中，测量通常更为精确。例如，你不仅可以询问一个人的年龄，还可能精确到他的生日，并计算出他的年龄、月份和天数，这是非常精确的测量。然而，在定性研究中无法进行如此精细的测量，只能对其性质进行判断，比如它是高还是低，是强还是弱。

举例来说，我们进行了一项关于各国政策实验室运营情况的研究。每个政策实验室在各个方面的运营情况都无法量化为具体数值或得分，只能知道它们相对是高还是低，是强还是弱（Lee & Ma, 2020）。然而，在判断高低、强弱时，不是主观臆断的，而是有一定依据的，是结合相关数据和素材判定的。无论是通过访谈、观察，还是使用二手资料，都会综合考量并进行定性判断。在这种情况下，虽然存在一定程度的主观性，但是只要整个过程是可追溯的，依据的资料是经过验证的，那么尽管测量较为粗糙，其性质判定依然是可靠的和经得起推敲的。

四、变量测量的信度与效度

在变量测量过程中，一个特别值得关注的问题是如何评价测量本身的好坏。评价变量测量的标准有两个，即效度（validity）和信度（reliability）。信度和效度都可以用于评价变量的测量，但这是

第五章 变量测量

两个重要但不同的方面。所以，我们在测量变量时需要谨慎评估效度和信度，以确保我们的测量工具是有效且可靠的。

效度涉及测量的有效性，即实际测量的内容是否与期望测量的内容一致，或者说是否与想要测量的概念或变量相符。如果实际测量的内容与期望测量的内容不一致，那么效度就会较低。例如，我们尝试评估学生的学术表现，如果只使用出勤率作为指标，就可能效度较低，因为出勤率未必完全反映学生的全面学习情况，而只是涵盖了其中一部分。这是一个经典的效度问题，即对变量的测量是不完整的。

目前，很多国家不仅关注其GDP，还关注其民众的幸福感。这是因为GDP只能反映一个国家的经济方面，而无法涵盖社会方面。因此，GDP的测量局限于经济领域，无法全面反映我们关心的民生状况。我们需要更全面地测量社会的各个方面，包括但不限于民众的幸福感，以便更好地了解一个国家的整体情况。

信度反映测量工具的稳定性和一致性，即在不同时间、地点和环境条件下，是否能够得到相似的测量结果。信度关注的是测量的精确性和可靠性，即测量误差和偏差的大小。一种信度高的测量工具在多次测量同一项指标时，得到的结果应该是接近的。举例来说，人的身高在不同时间进行测量时应该变化很小，如果一种身高测量工具在不同时间和由不同人使用时都得出相似的测量结果，那么就说明它具有较高的信度。因此，信度关注测量的稳定性和一致性，指的是在不同时间、使用不同方法或由不同人进行测量时，结果是否一致。

然而，仅仅具有高信度并不足以确保测量是有效的。信度并不关注测量结果是否反映了我们想要衡量的概念或变量（即效度），效度更关注测量工具是否准确地反映了我们感兴趣的概念。即使测量工具在一致性方面表现良好，也可能不够准确。

效度和信度是测量的两个重要方面，它们互相补充。有时候，我们可能过于强调效度而牺牲了信度，反之亦然。因此，测量在效度和信度之间存在一定矛盾，需要谨慎权衡，并根据研究的目的和需求来确定哪个方面更为重要。我们希望测量工具在效度和信度之间取得平衡，并根据研究的特点来平衡和优化。

相对而言，质性研究或定性研究通常具有更高的测量效度，而量化研究的测量信度更高。这是因为在进行质性研究时，需要深入收集多种多样的资料，所以对研究对象的理解会更加全面和深入。在这种情况下，测量某些指标会更加贴近真实情况。但是，如果另一个人来进行同样的测量，结果可能会有所不同。当然，这是相对而言的，因为测量本身并不存在绝对的标准，只能说是相对而言的不同。

总之，信度关注测量工具的一致性和稳定性，效度关注测量工具是否准确地衡量了我们感兴趣的内容。在变量的测量中，需要同时考虑效度和信度这两个方面，以确保测量既可信又有效。无论是信度还是效度，我们都希望它们能够取得平衡。但是，在现实生活中有些测量指标达到了这种平衡，有些则没有。

第五章 变量测量

我们常常使用射击的靶子来说明信度和效度的关系，因为对变量的测量就像在射击时瞄准靶心一样。我们希望能够精准地击中靶子，而且每次都能命中靶心。如果能够做到，那么测量就是既有高效度又有高信度。然而，子弹可能会散落在靶子的各处，都未能命中靶心，这表示测量的信度很高，但是效度不高。此外，还可能出现信度和效度都不太高的情况，此时的测量结果既不稳定又不准确。最理想的情况是同时拥有高信度和高效度的测量，或者是效度高而信度不高，最差的情形是信度和效度都不高。

通常情况下，我们希望两者都能得到满足，实现效度和信度的双高。但是，如果两者无法同时满足，那么至少期望测量的效度是足够高的，也即测量确实反映了我们打算测量的变量，而不是将测量从变量 A 转变成了变量 B。

变量的测量在研究中扮演着非常重要的角色。判断测量是否可靠和可信是评价一项研究最关键的标准之一，因此需要特别关注它。在这一过程中，要仔细考虑测量方法是否能够达到期望的信度和效度。当然，不同的研究设计可能会采用不同的方法来评估信度和效度，每种方法都有其独特方式来衡量信度和效度。例如，问卷调查会关注各个题项能否合成为变量，实验法则强调干预或操控是否有效。

第六章　研究设计·定量篇

作为定量研究人员，我们需要以无感情和无价值判断的态度，来研究我们感兴趣的现象。

一、定量研究设计

前文已经深入讨论了社会科学研究设计的前半部分，涵盖了论文选题、文献综述、理论构建、变量测量等方面的内容。在深入探讨具体的研究设计时，要认识到研究设计包括多种不同类型。我们将研究设计分为三类：第一类是定量研究设计，第二类是定性研究设计，第三类则将定量和定性两种方法结合，采用混合研究方法。

我们首先深入探讨定量研究设计，它有多种方法可以选择。定量研究遵循实证研究传统，与自然科学的实证主义（positivism）密切相关。这个研究传统与质性研究在本体论、认识论和价值论等方面存在多种差异和分歧。定量研究强调研究对象与研究者之间的相对独立性，坚信所研究的对象是客观存在的。研究者不断与研究对象互动，试图深入刻画和描述它。定量研究采用基于演绎法的研究范式，旨在寻找通用的普适结论，并认为研究结论在不同背景下都是适用的。因此，在这一观念的指导下，定量研究被视为客观、中立且无偏见的理性研究方法。作为定量研究人员，我们需要以无感情和无价值判断的态度，来研究我们感兴趣的现象。

然而，实际情况未必如此。作为人类，我们都是有情感和欲望的生命，无法以冷冰冰的态度来对某种现象进行研究。尽管如此，我们基本上仍然遵循这一传统思维方式进行定量研究。定量研究是一种基于演绎法的研究方法。首先，提出理论假设。其次，收集数据和资料来验证这些理论假设。因此，定量研究的前提是通过逻辑推理提出理论假设，然后使用经验数据进行验证。总结而言，定量研究通常采用的是量化方法，特别是统计分析和计量经济学方法。需要注意的是，这是定量研究的主要特点，与后文将要讨论的定性研究存在显著差异。

当谈及研究方法时，我们会发现，无论是哪种研究设计，都牵涉数据的收集和分析。讨论研究方法就是讨论研究设计，这包括数据采集和数据分析。因此，研究设计涵盖了一整套研究方法，而不仅是具体的技术和工具。研究设计更多地体现在选择的研究方法

第六章 研究设计·定量篇

上,例如问卷调查、实验法或案例研究等。论文中描述采用的研究方法时,通常应该说明使用了哪种方法,如实验法、问卷调查法、二手数据分析法等。但是,具体到每种方法,它们只是构成研究设计的一部分,本质上更像是研究的工具和技术。例如,如果使用定性研究方法,就要进一步详细说明是否采用了案例研究,是个案研究还是比较案例研究。在研究过程中使用的访谈、历史档案等数据采集方法,属于数据采集的具体方式,而不是研究设计本身。

当然,需要提醒大家的是,社会科学研究并不存在所谓的"文献研究法"。很多同学在研究初期会说自己使用了文献研究法,或者其他类似的术语。然而,需要强调的是,不存在称为文献研究法的特定研究方法,因为在任何研究中都需要进行文献综述。文献综述本身并不构成一种独立研究方法,除非你的研究涉及历史档案、历史文献方面的内容,而这可以称为历史文献研究法。除此之外,建议大家避免使用"文献研究法"这个术语。当然,你可以更准确地说自己使用的是"二手资料分析法"或"二手数据分析法",因为这两个术语是可以接受的。在描述研究方法时,务必确保不会引发误解,避免犯低级错误。

需要明确的是,研究设计既包括数据的采集,也包括数据的分析。定量研究设计包括多种类型,例如问卷调查、实验研究、二手数据分析、大数据分析等。因此,在定量研究设计中,我们重点探讨这些方法及其在社会科学研究中的应用情况。

二、问卷调查

我们先深入探讨作为一种研究设计的问卷调查。问卷调查是一种非常古老而又迅速发展的研究方法。例如，人口普查（census）这样的调查自古以来一直存在。只要有国家和政府，就会进行人口普查。人口普查与许多重要问题密切相关，例如纳粮、征税和征兵等。可以说，人口普查实际上是历史最悠久的问卷调查方式之一。

我们可以观察到，许多西方国家为了服务政治选举等目的，进行大规模的民意测验，其中包括公众舆论（public opinion）调查。这些调查可能用于预测谁将获得政权，检测公众是否支持现任政府，等等。在这些情况下，通常使用抽样方法进行调查；如果抽样方法不准确，就可能会导致不合理的结论。与全面普查不同，现代大规模调查通常采用抽样调查方式。因为我们不可能对所有人进行全面调查，所以只能抽取一部分人回答问题。就像人们曾经在预测特朗普和希拉里谁将会当选美国总统时的情况一样，很多人因为抽样问题而出现错误预测。这凸显了问卷调查方法的发展与抽样技术的发展密切相关。

越来越多的企业希望通过市场调查了解消费者需求，据此为研发新产品和提供新服务提供依据。与此同时，越来越多的大学和研究机构进行大规模的专业调查，开展全国、跨地区和跨国的问卷调查。计算机、组织管理、数据存储、资金来源等方面的技术进步，也在推动问卷调查的普及。例如，如果使用电话进行调查，通常会使用计算机辅助电话访问（CATI）系统。这使得问卷调查可以迅速进行，可能在第二天就能获得数据和结果。抽样、调查、统计等技术的迅猛发展，使得问卷调查成为一种非常流行的方法。

上述所有这些因素叠加在一起，共同推动了问卷调查方法的快速发展。现在已经形成了多种问卷调查方法，使我们有更多选择机会。然而，值得注意的是，问卷调查的基本做法实际上并没有发生实质性的变化，仍然要求受访者填写问卷，或者由他人代表这些受访者填写问卷。传统调查的"三驾马车"是入户面访、邮寄自填和电话访谈，这些最早的问卷调查方法目前仍然很常见。

信息技术革命与调查技术发展正在取代或颠覆某些调查模式，如邮寄自填越来越衰落和淡出。与此同时，也出现了融合或混合某些调查模式的新方法，如计算机辅助个访、计算机辅助电话调查、互动式语音应答、互联网调查等。近些年来，随着互联网的普及，几乎所有重要调查都开始采用网络方式。无论是移动互联网还是各种移动终端设备，都在辅助进行问卷调查。然而，网络调查也存在一些缺陷和问题，特别是在抽样方面可能存在问题。有时，在面对网络调查时，参与者可能不像对待面对面入户调查时那样认真，这可能导致调查偏差较大。

调查研究体现的是实证主义的方法论取向，和质性研究有很大区别。调查研究本质上是以统计分析为旨趣的，可以在问卷中设置开放问题，但是以封闭问题为主。在进行问卷调查时，我们必须认识到它所代表的研究设计具有一些优势,但是也存在一些局限性。问卷调查通常是定量导向的实证研究,主要用于统计分析。问卷调查通常需要预先设定问题选项,并采用封闭式问题进行调查。

调查研究揭示的是相关关系,而很难建立因果关系。问卷调查旨在揭示一些规律,但是这些规律通常是相关关系而非因果关系。在此情境下,可以观察到两个变量,并考察其相关关系。通过问卷调查了解它们时,它们之间存在一种相关性,但是不一定存在因果关系。这就引出了问卷调查的局限性,即问卷调查通常只有助于观察相关性,而无法回答因果关系问题,而这正是它的一个典型缺陷。问卷中可以问"为什么"这样的问题,但是不能据此判定因果关系。调查研究通常包括许多控制变量,以排除其他竞争性解释,并试图借此接近因果性。

人们对调查研究的认识误区在于把相关关系当作因果关系,而这有极大的误导性。举例来说,有些人发现焦虑与频繁玩游戏或使用社交媒体(如微信和微博)之间存在关联。据此得出的研究启示是,要缓解焦虑,就要少打游戏、少刷微信和微博。这时候,人们会假设玩游戏和使用社交媒体会导致焦虑。但是,实际上也有可能是反过来的情况,即人们是因为焦虑,才倾向于玩游戏和使用社交媒体。通过问卷调查特别是一次性的问卷调查,是无法区分这两种可能性的。

在进行问卷调查时,必须明确要进行的是抽样调查。问卷调查更多是一种抽样方法,尤其是随机抽样方法。这种方法使得样本能够代表总体，每个人都有同等机会被选中。这种抽样方法使样本具有强大的总体代表性；而基于样本得出的结论，对总体也具有高度的推广性。

例如，中国有14亿多人口，若我们采用完全随机方式进行调查，在给定抽样误差的前提条件下，通常只需要抽取700名参与者，就足以了解14亿多人的共识。尽管这或许令人难以置信，但是从统计概率的角度来看，这是可行的。当然，这样做的前提条件是进行全面的随机抽样，但是有时难以达到这一标准。然而，抽样调查的核心在于通过巧妙的抽样设计技巧，尽可能确保抽取的样本对我们希望代表的总体具有高度的代表性。

通过问卷调查进行研究时，我们有机会提出各种问题，尤其是一些主观问题，例如态度、倾向、期望和自我评估等。在这种情况下，有多种方法可以进行调查。问卷调查的类型既与抽样方法有关，也与调查模式有关。在抽样方法方面，有多种选择，包括随机抽样（特别是简单随机抽样）、整群抽样和分层随机抽样等。在抽样后，可以采用不同的调查方法，例如现场填写、邮寄问卷、网络问卷或入户面对面采访等。这些方法各具特点，也各有利弊。选择的问卷调查方法不同，就会产生不同影响。

在研究过程中，我们经常会使用问卷调查和面对面访谈这两种不同方法，它们之间存在显著差异。相对而言，面对面访谈可能更容易让受访者坦诚地表达真实感受、自由地回答问题。然而，这也可能导致我们难以将一个人的回答与另一个人的回答进行比较，因为他们的回答往往非常主观，与标准化的问卷调查相比更加多样化。所以，问卷调查在研究深度方面，从某种程度上说可能不如深度访谈，但是它具备覆盖大量受访者、便于进行系统分析等方面的优势。因此，需要充分认识到问卷调查既有优点又有限制。

目前，问卷调查的应用非常广泛。一般来说，在社会科学研究领域，约有三分之二的研究采用了问卷调查方法。然而，这并不意味着问卷调查方法就是唯一的黄金标准或首选方法。如前所述，问卷调查存在许多缺陷，包括抽样、研究设计、执行等问题。与此同时，问卷调查通常只能揭示相关关系，而非因果关系。所以，在选择使用问卷调查方法时，需要深思熟虑，确保研究问题适合使用问卷调查方法，并且问卷调查能够回答我们关心的研究问题。至关重要的是，不能盲目地认为，只要进行研究，就应该使用问卷调查方法。当然，除了问卷调查方法之外，实际上还有很多其他可供选择的研究方法。

在进行问卷调查时，特别需要使用标准化的问卷和成熟的测量工具进行研究。这方面有很多成功的应用案例。以组织行为与人力资源管理研究为例，已经有大量成熟的测量工具可供使用（李超平等，2020），关键是能够找到适合你研究的测量工具，并将它们用于你的研究。

如果要使用英文的测量工具，可能还需要进行相应的翻译和回译工作，以确保中英文问卷的一致性。相对而言，那些经过验证的成熟量表更能准确测量我们所关心的概念和变量（罗胜强 & 姜嬿，2018）。否则，如果使用自行研究和开发的量表或问卷，可能会存在各种缺陷，难以满足我们期望解答问题的需求。因此，在这一点上，鼓励大家使用规范的问卷和成熟的测量工具来进行问卷调查和相关研究。当然，考虑到各国之间的巨大跨文化差异，有时候也需要重新开发调查问卷，方能真正测量相关变量，并确保它们的结果是可比的。

三、实验设计

在进行社会科学研究时，还可以采用实验设计。实验设计在研究设计中应用广泛，甚至可以说是科学研究中非常重要和基础的一种研究方法。例如，生物学、化学和物理学等许多自然科学学科几乎完全依赖实验设计进行研究，特别是实验室实验。与此同时，心理学广泛使用实验设计，越来越多的其他社会科学学科（如政治学、经济学、管理学等）也在拥抱实验设计。

之所以强调这一点，是因为实验设计相较于问卷调查的最大优势在于其能够推断因果关系。当构建理论时，我们通常会考虑自变量和因变量之间的因果关系，而实验设计有助于我们检验这些因果关系。相比之下，问卷调查只能帮助我们了解相关关系，而无法解答因果关系的问题。所以，实验设计具有独特的优势，因为相关关系和因果关系在很多方面存在显著差异。

如果无法区分相关关系和因果关系，或者错误地解释它们，那么基于这些误解来制定政策或采取行动，可能会毫无意义，甚至可能适得其反。相关关系不等于因果关系。不验证是否存在因果关系就推行看似有效的政策，无异于将巨大的风险转嫁到国民身上，因为有时候两种现象之间的相关性可能仅仅是一种偶然或巧合。我们随机选择两个变量来建立关系，可能会发现它们之间具有高度的相关性，但是实际上这可能只是一种偶然或巧合。比如，海盗数量与地球气温之间的相关关系就纯属巧合。

需要明确的是，两个变量之间存在相关关系，并不意味着它们之间彼此产生相互影响，而可能是由第三个或第四个变量对它们产生影响的结果。例如，我们可以观察到学生的体力与学习成绩之间存在相关关系，但这并不是因为他们的身体健康导致学习成绩好或是相反。实际上，这两者之间没有因果关系，更主要的原因可能是学生的年龄在增长，而年龄增长与体力和学习成绩都有关。

此外，有一种情况是，相关关系可能是双向的，也就是说自变量可以影响因变量，反之亦然。以警察数量与犯罪数量之间的关系为例，犯罪数量的增加可能会导致公安局派遣更多警察，而警察数量的增加可能会相应地减少犯罪数量。在这种情况下，因果关系可以互相颠倒。因此，我们需要谨慎考虑因果关系的复杂性。

正确识别因果关系的关键在于实验设计，其核心概念在于对"反事实"（counterfactual）的估计。实验设计有很多特征和优势，关键在于反事实思维的运用。

第一，特别是在实验室进行实验时，我们通常能够进行极为严格的控制（control），比如，对声音、光线、电气和温度等方面的环境因素进行控制。在这种情况下，我们能够得出结论是因为我们已经考虑了其他所有可能的因素，并且进行了充分控制，以确保它们不会产生影响。如果我们观察到结果发生了变化，那么这肯定与我们之前的一些处理、干预或操纵有关。

第二，随机性（randomization）也是实验设计的一个重要因素。通常情况下，实验组织者会将一组人分为两组，一组是实验组，另一组是对照组。这两组是通过随机分配来确定的，就像随机抽号一样。这意味着这两组人实际上是相同的，唯一的区别是实验组接受了某种干预，对照组则没有。因此，这两组之间的可比性非常强。

第三个方面涉及前面所说的操控（manipulation）、干预（intervention）或处理（treatment）。例如，如果我们研究一种药物，那么实验组会服用这种药物，对照组则不会。在这种情况下，如果实验组和对照组的结果发生了变化，比如一些病人痊愈了，而另一些没有，那么我们可能会发现这与药物有关，因为其他所有因素都被控制了，而且这两组之间是可比的。因此，唯一的合理结论就是这种药物具有疗效。这是实验设计的典型特点之一，它使实验方法能够估计因果关系。

上述这一切之所以能够实现，关键在于实验方法背后强调了反事实思维。反事实是指对过去未曾发生的事实所做的假设，而实验研究的精髓就是构造反事实。反事实思维的核心是："假如此事没有发生，那么结果会是怎么样的？"（what if?）实验组和对照组分别相当于实验组的事实和反事实。如果两者之间存在差异，那么就说明这个药物有效，或者实验产生了效果。因此，所有实验设计都旨在构建这种反事实,并将其与事实进行比较。

当然,我们都知道没有后悔药可吃,我们无法假设或假想事情的不同结果。但是,我们却可以创造出一些人为构建的反事实情境,将其与实际情况进行比较,以验证我们的行动是否产生了影响。举例来说,如果我们实施了一项政策,这项政策显然会产生一定的影响,但更重要的是将其与没有实施这项政策的情况进行比较,以确定群体是否发生了变化(李帆等,2018)。只有这种比较才是最客观和公平的。因此,我们经常看到实验设计旨在构建可比的反事实情境,然后将它们与实际情况进行比较,从而得出因果关系的结论。由此看来,明确因果关系的方法本质都是"制造可比较的组,用最贴切的值替换反事实"(中室牧子 & 津川友介,2019)。

当然,实验设计有许多不同类型,我们可以从不同角度比较不同实验设计(如表6-1所示)(马亮,2015b)。

表6-1 实验设计的类型与区别

研究方法	实验组与基线比较?	干预是外生的?	分组是随机的?	研究者对干预进行控制?	研究者控制环境?
实验室实验	是	是	是	是	是
调查实验	是	是	是	是	否
实地实验	是	是	是	是	否
自然实验	是	是	是	否	否
准实验	是	是	否	否	否
调查研究	是	否	否	否	否
个案研究	否	否	否	否	否

最典型和最初始的实验研究,通常是在实验室中进行的。但是,在社会科学领域,实验室实验较少使用,因为我们知道人在实验室的条件下和在日常情况下的行为可能会有所不同。如果你学过管理学,你可能听说过所谓的"霍桑效应"。这指的是当工厂的工人知道有人在旁边监督他们工作时,他们的工作效率会与没有人监督时不同。这意味着最后的结果差异不是来自实验本身,而是基于有人监督的情形。这正是我们所说的实验室实验。所以,在社会科学领域,我们常常使用的实验类型不是实验室实验,而是调查实验、实地实验、自然实验或准实验。

顾名思义,调查实验是通过问卷调查的方式进行的实验。在这种实验方法中,我们向每个被调查者发放的问卷在某一项上会有一些不同,其他部分都是相同的。因此,如果一个人的回答与另一个人的不同,唯一的解释就是因为实验嵌入不同的调查模块。例如,可以让人们阅读描述不同情境或场景的文字,然后观察他们的反应,而这将产生不同的影响。

举例来说,中国的老龄化问题日益严重,我们探讨养老领域的一种叫"时间银行"的现象(王焕 & 魏培晔,2021)。在某些地区,时间银行这一概念很流行。如果你是 50 岁的中年人,现在照顾 70 岁的老年人。你照顾他人的时间可以存入时间银行,然后在你 70 岁时可以使用这些时间来获得其他人的照料服务。时间银行的概念很有吸引力,因为它反映了社区互助精神。

在实验中,你可以询问一些人,问他们是否愿意为他人提供服务。在问卷中，可以对时间银行进行不同设计，而这将带来不同的影响。这些影响可以归因于时间银行的不同设计，因为问卷的其他方面都一样。例如，某些时间银行规定，只能在特定地点存取时间；而其他时间银行的规定可能更加灵活。这些方面的差别，都会带来不同的影响。

调查实验是一种简便的实验设计策略。实地实验则更加困难，这是因为实地实验通常需要进入现实场景进行实验，例如乡村或企业。扶贫实验可以在实际的贫困地区进行。对于留守儿童的关怀，也可以采用实地实验方法，观察实际情况会如何发展。

当然，还有一种实验设计是自然实验，这是社会科学研究人员经常使用的方法（戴蒙德，2017）。自然实验的典型例子是如何估计空气污染对身体健康的影响（He et al., 2016）。例如，奥运会是由国家举办的大型体育赛事，研究人员无法干预，但是，可以研究奥运会带来了什么样的影响。这种影响有助于我们更好地估计这些政策将产生什么样的效果。因此，这是一种自然发生的实验，而不是人为设计出来的。利用地震、海啸或其他重大事件进行研究，也是自然实验。

准实验意味着不完美的实验设计，即实验设计在某些方面无法满足一些要求。例如，准实验的分组不是随机的，也就是说控制组和实验组的分配不是随机的。这样的话，这两组就不可比较。因此，需要采取一些方法来进行补救。所谓的补救，就是尽量让它们可以比较。在这个方面有很多方法，将在后面讨论。

第六章 研究设计·定量篇

我们可以看到实验研究有许多不同类型，这些类型与研究者是否控制环境、分组是否随机等方面有关，而这些方面有助于我们区分不同类型的实验。实验室实验只是实验研究的一种类型，还有许多实验是在真实场景或情景模拟情况下进行的。这些类型的实验在研究中应用广泛，但是也应避免可能带来的误导性结论。

例如，一篇发表在《科学》杂志上的论文，研究了不同国家的人对他人的信任程度或诚信程度（Cohn et al., 2019）。该研究进行了一项实地实验，程序非常简单，就是将一个钱包丢在街上，观察该国有多少人会把这个钱包归还失主。这是在一种非常真实的场景下进行的实验，研究人员在有些情况下会在钱包中放入钱，而在其他情况下不放钱，以此观察金钱是否会导致不同结果。

从结果来看，不同国家之间的诚信程度差异很大。例如，瑞士和挪威等国家的诚信程度很高，其他一些国家则较低。令人感到意外的是中国在这个排名中位列倒数第一。看到这个结论，有人可能会觉得中国人不应该如此不诚信呀！尽管现在社会风气不如以前那么好，但是至少也不会差到这种程度。然而，如果仔细观察的话，就会发现这项研究存在一个明显缺陷：让参与者归还钱包时，要求使用电子邮件进行联系。但是，中国人目前大多使用微信、微博等社交媒体，而不是电子邮件。因此，在中国人们之所以不归还钱包，未必是因为不诚信，而可能是因为他们很少使用电子邮件。这就是该研究的结果出现差异的原因，并在最近的一项复制研究中得到反证（Yang et al., 2023）。

我们在进行研究设计时，除了内部效度，还需要考虑外部效度的问题。所谓外部效度，指的是在进行实验时，结论是否适用于更广泛的地区和情境。上述例子充分反映了外部效度存在的问题，这些问题可能会让我们对研究结论产生怀疑，因为在研究设计阶段存在某些缺陷会导致研究结果不可靠。不过，需要明确的是，我们提出这个例子，并不是为了质疑实验研究本身，而是为了强调在进行实验研究时会面临各种挑战。

在实验室中进行的实验会得出一些结论，但是如果将这些结论应用到现实场景中，可能就不适用了。换句话说，实验的内部效度很高，但是外部效度相对较低。另外，如果在实际场景中进行实验，那么它的外部效度很高，但是内部效度没有那么高，也就是说它本身发现的因果关系不够可靠。因此，内部效度与外部效度之间的微妙关系，正是我们经常面临的实验研究挑战。

在验证因果关系时，我们可以采用不同实验设计。其中，最经典和最理想的方法是随机受控实验或随机对照实验。通常情况下，这种实验会在实验室中进行，尽管也可以在实际场景中进行。但是，随机受控实验的设想通常过于理想化，实际情况很难完全达到这种状态。为此，我们常常需要考虑其他替代方法，特别是在准实验的情况下。

例如，国家在某几个省份进行政策试点，而其他省份维持现状。然而，这些省份的选择通常不是随机的，可能涉及多种因素。因此，试点省份和对照省份之间缺乏可比性。换句话说，你的反事实情景与实际情况不可比较。在这种情况下，需要采用一些方法，来构建新的反事实情景，并与实验组进行比较。我们在研究中有许多方法可供选择，例如工具变量法、双重差分法、断点回归法和匹配法等（安格里斯特 & 皮施克，2012）。这些方法的目的都是使我们的实验组和控制组尽可能具有可比性，以便根据这些数据得出结论，评估我们的干预或处理是否对结果产生了影响。

举例来说，笔者的一篇文章使用了准实验研究设计，旨在研究一个县进行了大部门制改革后，公共服务满意度是否会提高，即当地居民对公共服务是否会更满意。为此，我们进行了一项广东省的研究（Ma，2016）。2010年，广东省进行了全省范围的试点项目。121个区县中，21个被选为试点，其他100个则保持现状。这就形成了典型的实验组（21个区县）和对照组（100个区县），而我们想要观察在这个特定时期，试点是否会产生相应影响。因此，我们采用了双重差分法，考虑了各种因素，以尽可能地比较实验组和对照组，确保它们具有可比性。这种方法通常被称为"双重差分法"（英文缩写为DID），它在社会科学研究中的应用非常广泛。

另一种方法是"合成控制法"，它在社会科学研究领域也得到了广泛应用。例如，我们发表了一篇关于《中国工业经济》的文章（Zhang & Ma，2021），用一种准实验设计比较《中国工业经济》和其他中文经济学期刊的差别。之所以选择这本期刊，是因为它自2016年以来要求作者在发表论文时公开附带原始数据和统计分析代码。当然，我们知道《中国工业经济》与其他期刊有所不同，因此从其他期刊中选择了与其相似的期刊，然后将它们合成了一个假想的《中国工业经济》，或者说是《中国工业经济》的反事实情景：假设它没有开放其发表的论文的数据和方法，那么会有什么结果？

这是一种典型的准实验设计，主要关注论文引用率是否发生了变化。这实际上是一种经典实验设计，将一种期刊与其他许多期刊进行比较。在这种实验设计中，实验组是一种期刊，对照组或对照期刊则有多种。从论文报告的图表中可以清晰地看到，在这种开放数据政策出台后，该期刊的论文引用率迅速上升，而其他期刊的论文引用率没有这么快的增长。这表明这种开放数据政策对该期刊非常有利，至少从学术影响来看如此。

通过这些实验方法的应用，我们可以看到实验研究是多样化的。我们不要仅仅将实验局限在实验室的设定中，也不要仅仅将其视为穿白大褂的人进行的自然科学研究。在社会科学领域，实验研究的应用非常广泛，包括调查实验、实地实验、自然实验、准实验等。这些实验方法都有助于更好地识别因果关系，也体现出实验设计的多样性。

四、二手数据分析

在进行定量研究时，有一些研究采用二手资料分析方法，或称之为二手数据分析法。这种分析方法与前述的问卷调查和实验设计有一定的联系，但是也存在显著区别。在实验研究中，我们可能会使用二手数据，但主要侧重点是实验设计。我们所说的二手数据分析，主要是通过对统计资料进行统计分析完成的。因此，很多人可能会使用统计年鉴，通过统计工具进行统计分析，这就是二手数据分析。

二手数据与一手数据有许多区别（见表6-2），主要在于数据的最初用途。当我们采集数据时，如果最初的目的是用于组织管理，而后来有人将其用于研究目的，这就可以将其视为二手数据。例如，采集学校所有课程的考勤数据，最初是为了课程管理。但是，如果将这些考勤数据用于研究，其用途就发生了变化，于是其就成为二手数据了。

表6-2 一手数据与二手数据的区别

维度	一手数据	二手数据
谁采集的	研究者本人或其委托的个人或机构	他人或机构采集
什么目的	直接用于研究者本人的研究	为了其他研究或其他目的，而不是专为本研究
是否接触研究对象	通常直接介入和接触研究对象	通常不介入和接触研究对象
谁拥有	一般为研究者本人所有	通常可以通过公开或公共渠道获取

资料来源：根据周长辉（2012）整理。

区分一手数据和二手数据的另一个重要方面，是数据的采集者。如果数据是由研究人员本人采集的，那么对他而言这就是一手数据；但是，如果研究人员将这些数据提供给他人使用，那么对他人来说，这就成了二手数据。这是区分一手数据和二手数据的另一个主要标志。

一手数据与二手数据的优劣之处是显而易见的。一手数据具有独特的优点，而二手数据也有其自身的优势，可以明显看到它们之间存在一定的差异。在讨论二手数据分析时，有时候数据的状态可能不符合预期。与采集一手数据的方式不同，采用二手数据分析方法时，你会收集到一套数据，但是这套数据并不是按照你预期的方式设计和采集的。所以，在这种情况下，可以看到一手数据与二手数据之间的不同。

当你希望进行研究时，采集并分析数据是一种常规方式。然而，现实情况可能是别人向你提供了一套数据，或者你获得了一套数据，但是这些数据可能并不符合你最初的设计和采集意图。此时，我们实际上在讨论你与原材料之间的关系，也就是你可能无法自主决定所获得的原材料。你所拥有的原材料将决定你制作的菜肴，而不是因为要制作某道菜而专门采购特定类型的原材料。因此，这涉及两者之间的关系问题。

随着科技特别是数字技术的发展，一手数据和二手数据之间的差异正在逐渐变得模糊不清。我们拥有许多这样的数据，很难明确定义它们是一手的还是二手的。例如，在调查研究中，你可能会参与他人的数据采集，在问卷中添加若干题项，甚至添加某个调查模块。在这种情况下，添加的调查模块可能是你自己设计的，但是其他数据是由其他人事先设计好的。因此，对于你来说很难确定所获得的数据是一手的还是二手的。

举例来说，我们使用大数据方法，通过网络爬虫技术抓取互联网上的数据，很难明确这是一手数据还是二手数据。毫无疑问，当我们抓取这些数据时，它们本质上是二手数据。但是，当我们对其进行处理并形成自己的数据时，它们又是一手数据。

一个典型的例子是各类搜索引擎提供的搜索热度指数，它们记录了每个人的搜索记录和足迹，并汇聚为关于某类搜索的大数据。然而，使用搜索指数时，可以根据自己的需要构建新指标。这些指标是一手的和原创的，虽然搜索指数是二手数据。随着技术的进步，一手数据和二手数据之间的边界变得越来越模糊。

虽然一手数据和二手数据的区别越来越淡化，但是二者在采集主体、使用目的和所有权等方面仍然存在很大差异。二手数据不是由本人采集，而是由其他人或第三方机构采集。它并不是为了某项研究而采集的，但是可能会用于相关研究。这些都表明二手数据具有许多有趣的特性。

首先，二手数据具有显而易见的比较优势。由统计部门、政府机构和大型企业采集的数据，样本量往往非常庞大，并可能是连续采集的数据。与个人采集的数据相比，这些数据具有更大的规模和量级。

其次，二手数据具有高度的客观性、可靠性和可重复性。如果你使用这些数据得出了某个结论，其他人使用相同的数据也会得出相同结论，除非存在操作不当或其他误差。这些数据汇聚在一起，还可以帮助从多个角度观察相关现象和问题，因此具有很高的稳健性。

再次，二手数据的采集成本很低。举例来说，人口普查可能需要政府花费大量资金，但是访问和使用人口普查数据通常是免费的，几乎没有额外成本。当然，数据的清理、处理和整理可能需要较多时间和成本，但是与一手数据相比，这些成本要低得多。

最后，二手数据通常是公开的，任何人都可以获取，而不是某个人独家占有。你无须与研究对象建立关系，就可以获得相关数据。如果别人进行问卷调查并采集了数据，那么你可以直接使用，而无须与研究对象互动。在二手数据的采集过程中，研究人员对研究对象的干扰也非常小。

从上述这些方面来看，二手数据的优势显而易见。但是，二手数据的劣势也是显而易见的，并体现在很多方面。

首先，二手数据的可靠性或信度可能不足。特别是一些官方数据可能存在数据造假问题。不同国家和地区可能采用不同的测量方法，导致数据之间缺乏可比性。

其次，数据的测量可能存在不足，导致变量测量的效度不高。例如，你希望通过 20 个问题来测量某个变量，但是由于经费或时间的限制，最终可能只能使用 5 个问题，甚至只有 1 个问题来测量这个变量。在这种情况下,变量测量的效度就会受到影响,因为它无法实现足够的精确性和全面性,也无法按照所期望的方式进行测量。

再次,很多二手数据是以文本或图片的形式存储的,处理和校对这些数据需要耗费大量时间。相对于一手数据分析而言,二手数据分析涉及数据编码、清洗、匹配、合并、管理等大量工作,这可能会使其更加烦琐。

最后,由于二手数据通常是完全公开的,你可以使用,其他人也可以使用。当你想出一个新的想法时,你可能会发现其他人早已使用相似方法写论文或分析数据。因此,你需要考虑如何以新的视角和角度来重新利用这些数据。有时候,二手数据似乎已经被彻底探索和利用,当你尝试再次利用时,你可能会发现几乎所有问题都已经被其他人解决了,这对你来说会是一项巨大挑战。换句话说,有很多人"捷足先登",导致许多二手数据已经被"用滥了",再开发和再利用的价值有限。在这种情况下,你需要"绞尽脑汁"和"独辟蹊径"才能有所收获。这些数据虽然是公开的,但是如何使用,完全取决于是否有新的研究思路。例如,某些问卷调查数据可能涉及个体和家庭情况,可以结合这些数据提出全新的研究问题。

举例来说,有一篇文章研究了父母生育的孩子性别是否会影响父母的幸福感(陆方文 等,2017)。也就是说,生儿子和生女儿是否会给父母的幸福感带来不同影响,是否生女儿的父母会比生儿子的父母更幸福?这个问题非常有趣,引起许多人的兴趣,长时间争论不休。

对于这个问题，可以设计一份问卷进行调查研究，但是这需要高昂的成本和代价。上述这篇文章的作者选择利用二手数据，基于大型社会调查数据库收集资料并进行分析。在这个过程中，作者主要关注不同家庭里，孩子的性别是否都与父母的幸福感相关。这些父母处于不同的生命阶段：一些人属于老年，子女已经成年；另一些人的子女还未成年。不同情况下，生儿生女的不同是否都会影响父母的幸福感，是这项研究的关注点。因此，这个简单的问题产生了许多具体的子问题，每一个子问题都可以通过这些数据进行分析。最后的结果发现，生女儿的父母更幸福，但是这也取决于他们所处的生命阶段。

从小学到高中期间，孩子的性别对父母的幸福感没有明显影响。然而，一旦结婚生子，性别差异的影响就开始显现。这是因为儿子负责继承家业，需要父母操办婚姻；女儿则嫁给他人，需要父母操心的事情少。这有点儿像"建设银行"和"招商银行"的比喻。与女儿相比，儿子的婚姻和生育问题可能会让父母更加感到担忧，这在一定程度上降低了他们的幸福感。

与此同时，关于养儿防老这个问题，研究者们也发现了一个有趣现象，即女儿会给老年父母带来更强烈的幸福感。这让我们重新思考"养儿防老"的概念，也许更应该说的是"养女防老"。

由此可以看出，虽然这些问题可以通过一手数据进行分析，但是我们完全有能力通过二手数据得出可靠的结论。同样的数据可以供任何人使用,但是只有当你有独特的想法,能够提出有趣、新颖的问题的时候,才能将这些数据变成有价值的工具,提炼出更好的研究问题,并进行更深入的研究。

二手数据除了官方统计数据,还有大量二手调查数据,例如,中国家庭追踪调查、中国社会状况综合调查等大型社会调查数据,在社会科学研究中得到广泛利用。无论是国内还是国际的社会调查数据,往往都是免费开放的。然而,使用这些二手数据的前提是,需要具备发现这些数据的潜在价值并释放这些价值的能力。

二手数据的类型不同,分析的策略也不同。有些二手数据是高度结构化的,就像各类社会调查数据一样,往往可以较为容易地使用。例如,关于上市公司的研究可以使用国泰安或万得数据库,或者各类统计年鉴的数据。它们基本上都是高度结构化的,可以直接进行统计分析,或者稍做处理后就可以进行统计分析。也有许多非结构化的二手数据通常以文本、图像、视频等形式存储。在这种情况下,需要考虑如何将其转换为可以进行统计分析的结构化格式。

在进行二手数据分析时,既可以对定性数据进行定性分析,也可以对定性数据进行量化分析。我们可以尝试各种各样的组合方式,对二手数据进行分析。

举例来说,中国人民大学开发的中国教育追踪调查项目,从2014年开始每年都会进行全国调查。这个数据库涵盖全国100多所中学,每所学校都会对某些年级的学生及其家长、班主任、任课老师以及学校领导进行调查。你可以从这个数据库中找到许多有趣的研究问题，因为它涵盖了广泛的社会群体，包括学生、家庭、教师和学校。

这项调查数据非常丰富和全面，可以全面反映学校、班级、学生和家庭之间的互动关系。可以整合这些数据，进行各种数据分析和研究。问题的关键在于，是否有一个好的研究设想，并基于这个设想进行相应的研究。

譬如，我的一些同事进行了一项研究，研究老师的性别是否会影响学生的成绩，尤其是数学老师的性别是否会影响学生的成绩（Zhang，2019）。如果数学老师是女性，是否会让女学生更愿意学习数学？她们的数学成绩是否会更好？他们通过这套数据研究并很好地回答了这个问题。结果表明，我们通常都有一个刻板印象，认为女生不擅长数学，但是，如果数学老师是女性，女生对数学会更有信心。

这就是二手数据分析的魅力所在。数据是普遍存在的，尤其是二手数据，关键是能否提出一个好的研究问题，进行一项好的研究设计，巧妙地利用它们进行分析并得出有意义的结论。

五、大数据分析

我们已经迈入大数据时代。从数据的谱系来看，大数据是相对小数据而言的，大数据的"大"是相对于小数据的"小"而言的。

第六章　研究设计·定量篇

大数据在许多方面都是庞大的，典型的大数据集包含数百万甚至上千万个人的数据。大数据的概念与一手数据和二手数据都存在显著差异，主要体现在数据的规模、速度、多样性、复杂性等方面。大数据分析在许多方面都已达到领先水平，也成为一种非常重要的定量研究方法。

大数据是全体的、关联的、细颗粒度的、高频度的、真实的，是反映人类状态、感知或行为的数据。大数据既可能是专门收集的数据，也会是与生产生活过程相伴而生的副产品。大数据的采集、存储、清洗与运算都需要强大的基础设施，大数据的挖掘与分析需要强大的分析学（analytics）（如算法）支持。可以清晰地看到，大数据与传统的小数据在这些方面存在显著差异。

如果可能的话，在研究设计中可以考虑采用大数据分析。大数据分析的首要条件是了解大数据的本质、特征和优势。值得注意的是，大数据具有若干独特特征。它的变化速度非常迅猛，可能每分钟甚至每秒钟采集一次数据。它具有多样性，不仅包括文本和数字，还包括图片和视频等多种数据形式。它通常包括各种行为数据，例如社交媒体上的发帖、微信上的互动、行人的运动轨迹、车辆的行驶轨迹等，这些数据记录了人们活动的真实痕迹，具有高度的真实性。

与问卷调查数据相比，大数据具有显著不同。前者是由受访者自行报告的感知数据，与观察到的真实行为可能存在较大差异。当我们面对大数据时，必须考虑如何进行分析、存储、处理并可视化。大数据的规模如此之大，以至于一台电脑或十台电脑都难以存储，更不用说进行深入分析了。

一些互联网公司每天存储的数据量，可能相当于我们这个国家过去 100 年所采集的数据总和，这使得数据分析成为一项复杂任务。传统分析方法，尤其是基于小数据的统计分析和统计推断方法，可能会失效。因此，一个非常重要的问题是，我们需要使用新的分析方法。当然，也可以将大数据转化为小数据，将其与其他小数据结合起来进行数据分析。

近些年来，可以明显看到计算社会科学（computational social science）的崛起，而这一趋势在许多领域都越来越显著。计算社会科学意味着将社会科学与计算机技术相融合，通过计算机技术来支持社会科学研究。

在大数据分析方面，常常使用几个"V"来描述大数据的特征（Monroe，2017）。

第一是规模（volume）上的大。特别是与传感器和物联网相关的数据，通常非常庞大。这些技术的存储能力强，让我们能够快速追溯个人或组织的历史数据。

第二是速度（velocity）上的快，即数据的采集速度和变化速度都在快速增长。如前文所述，过去人口普查每十年进行一次。但是，现在某些数据每分钟甚至每秒都在发生变化，普查无时不在。

第三是多样性（variety）。数据不再仅限于文本或数字，还包括基于位置、视频、图片等多种形式的数据。

第四是**互联性**或**交互性**（vinculation），即数据之间存在相互联系，形成了网络状的链式关系，而不是孤立的原子化数据。例如，社交媒体上的微博、评论和点赞之间不是孤立的，而是相互联系在一起的，形成了相互关联的网络数据。这种互联性数据与过去的静态单一数据有明显不同。

最后是**效度**（validity）非常高。无论是在测量的有效性方面，还是在数据本身的真实性方面，大数据都有明显优势，这使得我们能够更全面、更精确地进行各种变量的测量和研究。

我们可以清晰地看到大数据的一些明显特征，而大数据分析的应用场景也非常丰富。许多大数据汇聚在一起，为进行相关研究提供了便利条件。一个城市通常设有政务热线、领导留言板、市长信箱等渠道，用于收集和回应企业和市民提出的各个方面需求，而反映这些需求的数据就构成了大数据。

以一个典型的超大型城市为例，一年政务热线的话务量可能超过上千万次，平均每天可能有 3 万到 4 万通电话，涉及咨询、投诉、建议、表扬等方面。在这种情况下，每通电话可能会包含几分钟的通话内容，包括电话号码、地理位置、反映事项以及相关事项的处理情况等数据，它们都可以用于相关研究。

除了政务热线数据，还有其他大数据分析的典型场景。比如，医院电子病历记录的病人诊疗数据，也可供我们的研究使用。另外，像法律文书网这样的平台，公开了大量法律判决文书，也为我们深入了解许多问题提供了帮助。可以想象，所有这些数据都是大数据。许多领域都在进行大数据分析，而在进行社会科学研究时，将这些大数据分析方法应用到我们的研究中就变得尤为重要。

一个值得探讨的问题是，随着大数据的流行，它是否会取代小数据？是否在未来研究中都需要使用大数据？大数据有其优势，但是也有局限。反过来说，小数据同样具有局限和优势。在很多情况下，需要将大数据与小数据结合起来，甚至有时候需要将大数据聚焦或聚类成小数据，然后进行数据分析（唐文方，2015）。

例如，我们可以将城市政务热线和领导留言板的数据汇总，但是，为了进行数据分析，我们可能会将这些数据聚焦到城市层面，以了解每个城市在一年或一个月内的投诉量和投诉领域。然后，我们可能会使用小数据，而不是大数据，对这些城市进行分析。

因此，大数据和小数据可以在某种程度上结合使用，而这种结合方式在现代数据分析中得到广泛应用。关键的问题是如何在不牺牲大数据优势的同时，也不放弃小数据的价值，并实现两者的有机结合。在这一点上，有很多研究进行了探索。

举例来说，有一项研究考察了中国的儿童拐卖问题（Wang et al.，2018）。过去，儿童拐卖问题非常严重，很多家庭被拆散。但是，这些年来，越来越多的寻亲网站和找人平台出现了。许多家庭如果丢失了孩子，会在这些网站上发布寻亲信息。其他人可能会基于这些信息，查看周围是否有与之相符的孩子。如果匹配成功，就可能实现寻亲。

我们可以利用大数据来构建拐卖儿童信息网络，包括儿童失踪地点、流转地点等信息。这个网络数据包括拐卖儿童、儿童家庭以及购买儿童的家庭的数据。通过大数据，可以建立这样一个网络：每一条寻亲信息都包含儿童的基本特征，如性别、年龄、失踪的地点和最后可能被送去的地点。

我们可以利用这些数据点来建立关联，从而发现一些规律。例如，你可能会发现大城市的儿童失踪情况更为普遍，而偏远的乡村更容易发生儿童被拐卖的情况。在这个过程中，你可能会发现许多有规律的现象。比如，在一天中的哪个时间段，儿童失踪的情况最多？是男孩更容易被拐卖，还是女孩更容易被拐卖？是农村地区还是城市地区的儿童拐卖发生率更高？是大城市还是小城市的问题更突出？此外，需要多长时间才能找回失踪儿童？

所有这些数据都可以通过网络平台获取、清洗和整理，从而建立它们之间的关系，形成一个详细的网络图谱，帮助我们更好地理解和解决儿童拐卖问题。可以使用这些大数据来深入研究网络的各种特征，如网络的中心性和其他结构特征。这对于更好地理解儿童拐卖问题非常有帮助，也可以促使公安部门在一些热点地区增加警力部署。此外，这些分析也可以启发家长，让他们了解在某些地区或某个时段儿童更容易失踪，从而采取相应的预防措施。

另外，还有一些研究通过其他方式获取大数据。例如，一篇研究政府治理效率与当地房价之间的关系的文章，就使用了大数据方法。居民提出的每一条诉求都可以通过政府网站留下提出诉求的时间和政府回应的时间，而政府治理效率是通过城管等部门处理居民诉求所需的时间来衡量的（贾宁等，2021）。这些数据被整理并显示在地图上，以便观察每个街道或街区的治理效率。同时，二手房交易网站提供了该地区的房价数据，这些数据也可以进行大数据分析。最终，这篇文章使用大数据分析方法，分析了因变量和自变量之间的关系，并得出了结论。

这些都是进行大数据分析的典型案例，类似的研究还有很多，这些例子都说明在进行社会科学研究时，许多数据都是大数据。一方面，在采集这些大数据时，需要考虑使用网络爬虫或其他程序来批量采集数据。另一方面，这些数据通常是非结构化的，需要考虑如何将其转化为统计软件可以处理的结构化数据，而机器学习等新方法可以发挥作用。当你面对数百万条数据时，人工处理几乎是不可能的，因此需要教会机器自动处理数据。这将使数据分析自动化和智能化，并大大提高研究效率。如果对此感兴趣，可以考虑选修与机器学习、文本识别、可视化等相关的课程，这些都是进行大数据分析时常用的方法。

当然，大家可以通过各种方式获取需要的大数据，但是这些大数据分析方法与技术的门槛可能较高。例如，对于大数据分析，人们不必自己处理每个环节。如果涉及爬虫软件的使用，完全可以由专业人员来协助采集数据。还可以请求程序员帮助，利用在线有偿服务来获取这些软件，或者直接购买网络爬虫服务。因此，并不需要自己掌握这些技术，只要能够运用它们来回答问题，就足以达到预期效果。

可以明显看到，在社会科学研究中，大数据分析方法的应用越来越广泛，这是一个特别值得关注的发展方向。因此，鼓励大家多多研究大数据分析的实际应用案例，学习相关技术和方法，这将有助于我们在未来社会科学研究中拥有更大的竞争优势。

第七章　研究设计·定性篇

在许多人看来，定性研究并不是一种普及度很高的研究范式，它更像是一个小众领域，或者说是一种小众研究方法。相对定量研究而言，定性研究的入门门槛更高。因此，我们在进行定性研究时必须保持信心，同时也要认识到它的复杂性和挑战性。

一、定性研究设计

在社会科学研究中，通常将研究设计分为定量、定性和混合三种方法。定量研究涵盖多种研究设计，包括问卷调查、实验设计、二手数据分析以及大数据分析等。定性研究（也叫"质性研究"）设计同样包括多种类别，我们主要探讨案例研究（case study）、定性比较分析、扎根理论（grounded theory）等，而案例研究进一步分为个案研究和比较案例研究两类。当然，还有其他定性研究设计，如叙事研究（narrative research）、民族志（ethnography）、现象学（phenomenology）、行动研究（action study）、历史分析等。由于篇幅有限，我们无法详尽讨论每一种方法。

如果大家能够理解定性研究方法，就会发现这些方法之间存在一些相通之处，尽管它们可能涉及不同研究领域。因此，我们鼓励大家积极探索其他定性研究方法，并考虑如何将它们融合在一起。只要掌握一种方法，就能更容易、更好地理解其他类似方法，这有助于大家更好地理解我们所介绍的其他定性研究方法。

需要注意的是，定性研究或质性研究，实际上是同一种研究设计，它与我们提到的定量或量化研究设计有所不同。

一是目标不同。

定量研究强调基于实证主义导向的科学研究范式，追求对普遍规律的认知和探索，更侧重于基于样本对总体进行推断，或者说通过样本反映总体情况。这是它的核心目标。

定性研究更注重对特定人群或组织的深入理解，即它专注于深入了解一个非常特定的群体或对象，目标是深刻理解，而不一定是寻求一般性或可推广的结论。换句话说，定性研究的目的是获得对特定个人、组织或事件的深入理解，而不是对一个总体的大样本进行表面性的描述。

二是研究问题和方法不同。

就研究设计而言，定性研究展现出多种多样的表现方式，我们可以列举数百种。上文提到的仅仅是其中一些典型代表，还有众多其他定性研究方法，这里无法一一展开介绍。但相较之下，定量研究方法更为标准化，种类也更有限。这也解释了为什么定量研究更容易区分和分类，定性研究则难以完整概括其整体情况。

从数据采集的角度来看，定性研究呈现极大的多样性和丰富性，可以采用实地观察、深度访谈、座谈会等多种方法，或者通过研究档案资料、影视资料等方式获取所需数据。其目的和特点在于深入理解特定的人事组织或现象，而这些数据和资料将成为我们进行研究的基础。

三是研究的呈现方式和报告方式不同。

定量研究着重介绍研究使用的方法是否规范，定性研究则强调研究者的观点和主观判断。定量研究通常假设研究者是客观中立的，所以他们的研究和结论不应该存在差异。相反，定性研究强调研究者的主观性和价值判断，即使面对相同的研究对象，不同研究者的研究也可能产生不同结果。因此，定性研究和定量研究在报告方式和研究者角色上存在差异。

此外，我们需要深入探讨这些研究方法背后的不同本体论、认识论和价值论。鉴于定量研究和定性研究在多个方面存在的明显差异，对于那些希望深入探究问题、深度挖掘现象而非仅仅蜻蜓点水和了解皮毛的人来说，我们强烈建议尝试定性研究，因为在这些情境下，定性研究具有非常重要的价值。在进行定性研究时，我们特别强调写作的重要性。虽然科技论文的写作通常侧重于传达观点而非文学表达，但在定性研究中，我们期望文稿具备一定的文采，能够通过叙事更好地还原和呈现我们感兴趣的现象。

定性研究还提供了常常被人们强调的顿悟和反思的机会，但是，这并不意味着我们进行定性研究是毫无准备的。相反，它强调了不断反思和深思熟虑的重要性。定性方法鼓励我们仔细思考，以便发现新的理论和获得更深刻的洞察力。相对于其他形式的研究，定性研究设计也非常灵活，更容易根据研究进展进行调整和适应。

四是选题设计不同。

在研究选题方面，量化研究或定量研究通常是非常直截了当的，一开始就能够明确定义具体的研究问题，并集中精力进行研究。然而，对于定性研究而言，选题往往会更加开放。在开始阶段，人们很难明确知道要研究什么，通常需要在进入现场采集数据，甚至分析数据后，才会逐渐明确研究问题的本质。因此，在整个研究过程中，定性研究的设计都是灵活的，需要不断地根据实际情况进行调整和适应，相对而言也更加开放。

总体而言，量化研究在科学研究中更为普遍，而定性研究在某种程度上较为独特。在许多人看来，定性研究并不是一种普及度很高的研究范式，它更像是一个小众领域，或者说是一种小众研究方法。相对于定量研究而言，定性研究的入门门槛更高，因此，我们在进行定性研究时必须保持信心，同时也要认识到它的复杂性和挑战性。当然，一旦涉及高级量化研究，我们也会面临巨大挑战。

定性研究特别强调研究过程中的互动性和交互性，至关重要的是研究者和研究参与者之间的密切互动。与其称受访的人们为研究对象，我们更应该将他们视为研究参与者，这样可以更准确地定位他们的角色和互动性质。在实验研究中，我们通常将研究对象称为被试（subject），这意味着他们是被用于测试的个体。在问卷调查中，我们称他们为受访者。然而，在定性研究中，我们更常称这些人为研究参与者。这是因为，他们不仅仅是被动地接受研究，还在研究中扮演了更积极的角色，参与度也更高。在这种情况下，与其说你是研究者、他们是研究对象，不如更确切地说这是一个充满主体间性的过程：他们积极参与了研究，有很高程度的互动。

当你与这些参与者进行对话时，更主要的是从他们身上学习和了解大量信息。与此同时，你与他们之间不再是一种主体与客体的关系，也不再是研究者与被研究者的关系，而更像是一种共同参与创造新知识的过程。我们可以清晰地看到，定性研究强调的是参与者的主体性，以及他们在研究中所发挥的积极作用。通常情况下，你在研究过程中很难预料到所有可能发生的情况。一旦到了现场，你就需要灵活应对，根据实际情况调整研究重心和方向。比如，选择研究对象或参与者通常是一个逐渐扩展的过程，可能涉及较多偶然性和运气成分。

上述这一系列因素，使得定性研究既神秘又引人入胜，而这也正是我们如此期待大家更深入地探索定性研究的原因。在进行定性研究时，我们强调需要经历一种入场和入戏的过程。在《扫地出门》这本著名学术著作中，作者马修·德斯蒙德详细讲述了这一点

（德斯蒙德，2017）。

他是哈佛大学的社会学教授，是一位白人男性，但是他的研究对象是美国密尔沃基市的黑人女性穷人。这些女性因为家庭经济原因，不得不租住破败不堪的房屋。名校教授与租房女性是两类人，他们在种族、身份和社会地位等方面存在许多差异。

作为一位名校教授，他在研究这个群体时，至关重要的是如何赢得这些人的信任，融入她们的社群，理解她们的观点，解释她们思考问题并采取行动的逻辑。这意味着他必须真正融入她们的生活，以至于有一天，其他人会觉得他和她们没有什么不同。只有这样，才能真正达到进行定性研究所需要的状态。

与坐在办公室里查看数据集和进行数据分析的状态相比，这种研究有很大不同。这也是为什么我们强调定性研究有非常强大的吸引力，但是挑战也非常大。在定性研究中，可能需要冒生命危险，冒无功而返的风险，但是收获也会非常丰富。

就拿《扫地出门》这本书来说，它以小说的形式呈现了作者在与房客互动过程中观察到的情况。特别是这些房客因为各种原因而被房东或政府赶出租住的房间，作者通过小说的形式生动地呈现了这些情节。在书的后记中，他详细讨论了研究方法，即他如何进入现场，如何融入她们的社群，以及如何进行这项研究。

相对而言，定性研究更多涉及一手资料的采集与分析，因为很难仅仅通过二手资料进行定性研究。二手资料通常会阻碍人们真正深入现场了解情况。因此，我们看到许多定性研究是通过一手资料，尤其是作者本人的现场参与进行研究。定量研究与此不同，因为很多定量研究使用二手资料。

定性研究设计包括个案研究、比较案例研究、定性比较分析、扎根理论，以及民族志、现象学、叙事分析等。这些定性分析方法都是通过归纳方式实施研究，有助于促进理论发展和构建。可以清楚地看到，定性研究与定量研究在上述这些方面存在本质差异。这也是为什么我们要认识和强调这些差异，并确保在整个研究设计过程中都充分考虑这些差异的重要性。

二、案例研究

定性研究在众多研究设计中占有一席之地。我们将重点探讨一些定性研究方法，首先是案例研究。我们通常将案例研究分为两类，一是个案研究，二是比较案例研究。它们各自强调不同方面，但都在案例研究中扮演着重要的角色（蒙克 & 李朔严，2019）。因此，有必要深入讨论个案研究和比较案例研究之间的差异，以及这些差异对研究设计产生的影响。当然，究竟研究多少个案例，与研究的目标和兴趣有关。

在个案研究中，我们侧重于深入探究单个案例。个案研究更专注于深入了解单个案例内部的问题，关注案例本身发生的变化，以及各个阶段的演变。它聚焦一个案例内部的问题，研究个案发生了哪些变化，演变过程是如何发生的，以及如何在案例内部区分不同阶段。

与之不同的是，比较案例研究更加注重不同案例之间的比较。比较案例研究涉及多个案例之间的比较，通常更接近于定量研究的思维方式。在比较案例研究中，我们通常寻找的案例在某些方面相似，但是在其他方面存在差异。我们会认真考虑和控制这些相似之处，关注这些差异对研究结果可能产生的影响。换句话说，我们可能会选择一些相似但是在某些方面存在差异的案例，关注的重点通常在于这些差异如何影响最终结果。

在进行比较案例研究时，我们通常希望关注案例的某些特征，因为这些特征可能导致一系列影响。例如，两个案例在其他方面都相同，但是在某个维度上存在差异。这种差异正好可以解释它们的最终结果，而这通常是我们期望观察到的情况。我们会控制并考虑这些相似之处，分析这些差异可能导致的结果。

相比之下，如果进行个案研究，我们更关注个案的发展过程。我们想知道这个个案的历程是如何演变的。例如，它一开始处于某种状态，经历了一系列变化，最终达到了另一种状态。尽管只是一个个案，但是它在不同时点实际上呈现多个案例的特征。也许在十年前我们可以将它定位为一个案例，五年前定位为一个案例，今天又重新定位为一个案例。所以，不同时间点看同一个案例，可能意味着多个不同的案例。

在个案研究中，可以进行所谓的"案例内比较"，即比较同一

第七章 研究设计·定性篇

个案例在不同时点的情况。这类似于将一个案例与另一个案例进行比较，同比较案例研究有一定相似之处。比较案例研究涉及组间比较，而个案研究涉及组内比较。

案例研究分为单一案例研究和多案例研究这两种不同方式，但是如果将其考虑为组内比较和组间比较的话，实际上这两种方式并没有本质区别。组内比较就是聚焦同一个案例，并与其五年前和十年前进行比较。案例可能在许多方面都发生了变化，我们主要关注那些发生较大变化或可能影响结果的因素。但是，由于仍然是同一个案例，因此这些方面是可比的。在这种情况下，这两种案例研究非常接近。

案例研究的应用非常广泛，近些年来发展迅猛，显示了这种方法的流行程度。以《公共管理学报》上发表的案例研究论文为例，近几年来每年都有超过40%甚至一半的论文采用案例研究方法（侯志阳 & 张翔，2020）。也就是说，如果一年内发表了50篇文章，那么就有20多篇文章采用案例研究方法。当然，这只是针对一种期刊的情况，其他期刊可能不同，但是大体一致。与此同时，很多案例研究主要采用单一案例或个案研究法，只有少数使用多案例研究方法。这可能与该期刊的偏好有关。

就案例研究而言，单一案例研究比多案例研究更为常见，说明过程追踪式的个案研究比跨案例比较研究更受欢迎。当然，未来如何发展还要拭目以待。有趣的是，近些年来的一个总体趋势是，多案例研究的数量明显增加。通过这份统计数据，我们可以观察到案例研究的应用范围越来越广泛。然而，这也带来了一些新问题，主要是关于案例研究方法的规范使用问题。

案例的定义非常广泛，可以指代各种对象，包括事件、组织、个人甚至国家。因此，在进行案例研究时，我们需要明确定义案例究竟指的是什么。最初的案例研究局限在医学、商学、军事学等特定领域，比如临床医学中的病例研究、商学院有关某个商业事件的案例研究等。现在，无论是事件、个人、组织还是地区，案例的概念都更加泛化，可以适用于各种情境。

在使用案例研究方法时，必须准确把握案例的含义，更加有效地对其进行分析。我们首先深入探讨个案研究或单一案例研究的一些特点，其中最经典的问题是关于案例选择的标准问题。当我们要研究一个问题时，如何选择适当的案例？是应该选择具有代表性的案例，还是应该更注重案例的典型性？这实际上触及定性研究的核心问题，即定性研究不太强调研究对象的代表性，而更加关注研究对象的典型性。

"典型"和"代表"这两个词经常容易混淆，但实际上它们之间存在重要区别。"代表"意味着你拿着一只麻雀，它可以代表所有其他麻雀；或者说这只麻雀是相对一般的，具备其他麻雀普遍拥有的特征。"典型"则表示这只麻雀可能与其他麻雀完全不同，它并不具备代表性，但是在回答特定问题时却具有重要价值。

在最近的研究中，关于"典型"具有哪些特征的问题引起了一些学者的讨论（渠敬东，2019）。典型意味着案例包含了大量信息，它本身蕴含着丰富的资讯，是一个充满故事性的案例。不能仅仅拿来一个案例就研究，因为你可能发现它没有多少可以挖掘的信息，也没有什么故事可言。在这种情况下，这个案例即使有代表性，也可能缺乏典型性。

案例不是孤立存在的，而应该具有很强的延展性，在时间上有深厚的历史，与外部环境有密切联系。这些联系既取决于案例对这些因素的影响，也取决于外部环境对案例的塑造。因此，只有将这个案例作为典型案例进行分析时，我们才会关注这些特征。这也凸显了个案研究强调典型性，而不是注重代表性。选择一个典型的案例，对于回答理论问题至关重要。

通过一项涉及环保抗议的个案研究，就可以展示案例如何成为典型案例，以及如何展示其价值（邓燕华，2016）。通常情况下，环保抗议很少成功，因为地方政府为了经济增长会支持企业设立工厂，这会导致环境污染，而周边居民会提出抗议。但是，当政府和企业因为合谋而形成了利益联盟时，居民的集体行动就变得非常困难。尤其是在企业有巨大经济利益的情况下，他们可能会逐个击破抗议者，削弱集体行动力量。因此，许多环保抗议活动一开始可能声势浩大，但是最终却难以持续和成功。

在选择一个有代表性的环保抗议案例时，毫无疑问应该选择一个失败的案例，因为大多数情况下它们都是失败的。如果选择一个成功的案例，那它就不太具有代表性。但是，当你希望研究典型的环保抗议时，应该选择那些成功但是非常罕见的案例，因为这对于研究更有价值。在 100 个案例中可能只有一个成功的案例,但是如果抓住了这个案例进行深入研究,就会特别有价值。因此,作者在这个案例中做了大量工作,选择了一个合适的时机进入现场,得到了很多人的支持,并收集了相关资料,从而还原了这个事件的发展过程。具体来说,是一个乡镇的居民对当地污染企业进行环保抗议。在这个过程中,研究人员亲临现场,每天观察和记录抗议活动是如何进行的,通过访谈采集了大量资料,并收集了相关档案资料、政府文件、企业文件以及居民传单等。

我们需要时刻牢记,个案研究必须与理论相结合,提炼出一个合适的理论框架。上述这项研究提出了一个新的理论框架,来解释为什么环保抗议能够成功。作者发现有两个有趣的因素,对政府决策产生了影响。

一个因素是将环保与反腐结合起来,提出"抗毒反贪"的联合框架。作者不仅谈论环保问题,还关注企业腐败问题,将环保与反腐败结合起来,对政府和企业形成了双重打压。在这种情况下,环保抗争就超越了单纯的环保问题而成为政治问题,使当地居民在推动环保工作时变得更有力量。

另一个因素是老年协会提供的抗争机会,因为成功的环保抗议需要找到机会。尽管老年人看似力量较弱,但是他们却具备强大的策略性。为什么呢?我们可以从日常生活的一些现象中找到答案。例如,路上有老年人摔倒,是否有人伸手相助?通常情况下,人们可能不敢帮助,因为担心会被指责是自己撞倒的,并可能为此承担责任。

由此看来，老年人虽然身体虚弱，但是拥有一种特殊的武器来应对强者，那就是"弱者的武器"。因此，在上述环保抗议中，老年人被推到"前线"，一副不稳定的样子和一碰就摔的表现让政府官员不敢轻举妄动。如果最强壮的年轻人站在"前线"，可能会与政府形成正面冲突，并可能被拘留；相反，老年人的身体状态和社会地位或者威望，使其不怕被拘留，所以可以动员年轻人抗争。

这是一项非常典型的个案研究，它将研究分为不同阶段，并对这些阶段进行了相互比较。通过案例研究，能够更好地阐明一个理论框架，甚至挑战现有的理论。例如，从经济理论的角度来看，通常认为普通民众无法成功地进行集体行动，更不要说获得环保抗议的胜利。但是，这项案例研究恰恰通过一个具体的典型案例，深入研究为什么环保抗议能够取得成功，从而反驳了这个观点。

三、定性比较分析

在定性研究领域有许多可供选择的研究设计。我们已经讨论了个案研究和比较案例研究，现在介绍定性比较分析（qualitative comparative analysis，QCA）。QCA 是一种非常有趣的研究设计，尽管被归类为定性研究，但是其分析方法也包含了定量的成分。QCA 的定性因素更为突出，因此我们将其作为一种定性研究方法来介绍。

从 QCA 的发展来看，出现了一个非常有趣的现象。在研究案例时，我们发现案例数量通常呈现极不均匀的分布。个案研究涉及 1 个案例；而比较案例研究涉及 2 个、3 个、4 个甚至更多个案例，但是很少超过 10 个案例。与此不同，在定量研究中，样本量通常很大，一般为一百、一千、一万甚至更多。因此，在 1 和 N 之间存在一种极不平衡的分布。也就是说，在比较案例研究与定量研究之间的这个范围内，比如 20 个或 15 个案例的情况，很少有研究者涉足。

QCA 旨在填补这个领域的研究空白。它专注于研究案例数量相对较多的情况，例如 15 个、20 个或 30 个案例。这些情况既不适合进行传统的统计分析，因为统计分析强调大样本；也难以进行深入的个案研究，或者开展比较案例研究，因为案例数量相对较多，难以逐一深入研究。这种尴尬局面促使研究不得不寻求非传统方法，而这就是 QCA 产生的原因。

QCA 是由查尔斯·C. 拉金提出的一种新方法，他在《重新设计社会科学研究》一书中详细介绍了如何使用 QCA（拉金，2019）。QCA 被定位为定性研究方法，但是实际上它将定性研究和定量研究巧妙地结合在一起。

通常情况下，案例具有典型性，但是并不代表整体情况。当我们研究个案或比较案例时，很难将其推广到更广泛的情境，或者强调其普适性。然而，如果进行大样本数据分析，又很难用它来进行

第七章 研究设计·定性篇

定性判断,更无法解释复杂的因果关系问题。

定量分析的因果关系通常是非常明确的,即一个因素导致一个结果。然而,它难以应对一些复杂情况,比如多个因素导致一个结果,或者多个因素导致多个结果。

因而,无论是案例研究还是定量分析,都有其局限性。拉金希望能够找到第三条途径,开发一种全新的研究方法来处理这些情况。

举例来说,如果我们要研究15到20个案例,该如何进行研究呢?如何将案例研究与定量研究相结合,以实现更全面的分析?这就是QCA试图探索的问题。

有一些引人注目的特征,可以说明QCA这个词的组合意味着什么。首先,它被视为一种定性方法。其次,它涉及持续的比较,以产生分析结果。QCA有几个特点值得特别关注。

第一,QCA特别强调条件之间的组合关系问题。QCA的条件可以理解为自变量,它们可能导致因变量的变化,但是,这些条件变量并非独立影响因变量,而是通过它们的组合关系共同导致了结果的发生。在定量分析尤其是回归分析中,我们通常关注每个自变量对因变量的独立影响,而不考虑这些变量之间的复杂互动和组合如何影响结果。QCA更加强调这些自变量或条件变量如何共同组合而产生共同影响,并强调这些组合关系的形成方式。这种差异在于思维模式不同,因为QCA强调条件之间的组合关系对结果的解释。

这些组合可能非常复杂，通常条件变量或自变量的数量比较多，例如4个或5个。在这种情况下，了解这些自变量的取值如何，以及它们之间的组合关系如何影响结果，就变得非常有趣。这些组合关系可能有多种情况，理论上说需要考虑所有可能的组合方式。举例来说，如果每个变量都有两种可能的取值（高或低），如果你有5个这样的变量，那么可能的组合关系就有至少32种。在这种情况下，解释结果会面临新挑战。

第二，为了进行这种组合关系的解释，QCA使用了集合论的概念。当我们学习代数时，我们了解集合的概念，即一个集合是否包含在另一个集合中，而集合的运算方式会导致许多有趣的结果。在QCA中，我们讨论的条件组合就涉及集合的关系，例如交集、并集、补集等。

代数的集合概念会用于QCA，比如结果发生和不发生的影响因素的组合关系可能是不同的。例如，一个人的幸福和不幸福可能有多种不同的原因，而两者的原因可能是不对称的。这意味着不是同一组因素既导致幸福又导致不幸福，而是某些因素可能导致幸福，而其他因素可能导致不幸福。这展现了QCA的非对称思维模式。相比之下，许多定量研究方法通常采用对称思维模式，即一个变量取高值可能导致结果发生，取低值可能导致结果不发生。这是一种对称关系，而QCA强调的是非对称性，即结果的出现和不出现受到不同影响因素及其组合关系的作用。

QCA需要进行布尔运算来求解，运算方法可以通过相应的软件来实现。我们对集合关系进行求解,最终得出各种不同条件的组合关系。基于这些组合关系,我们可以更好地解释结果。

当涉及 QCA 时,通常有两种方法可选,一种称为"清晰集",另一种称为"模糊集"。清晰集 QCA 明确定义每个变量,使用二进制的 1 和 0 来分别表示"是"和"否"。而模糊集 QCA 可以对条件变量的取值进行更加复杂的设计,比如使用包括多个取值的连续变量。在这种情况下,条件变量之间的组合关系会变得更加复杂。

可以清晰地看到,QCA 在许多方面与之前讨论的定量研究和定性研究方法都存在很大不同。从定义来看,它可以被视为一种混合方法,既包含了定量元素,也包含了定性元素。它特别强调条件的组合关系,而这些组合关系导致观察到的结果存在差异。

举例来说,我和一位同事使用模糊集 QCA 完成了一篇文章,研究我国主要城市的网约车监管政策存在的差异(Li & Ma, 2019)。尽管我国政府较早就明确了网约车在全国范围内的合法运营地位,但是各地政府出台了截然不同的监管政策。有些地方政府的监管政策较为宽松,驾驶员只要满足基本要求就可以合法运营;其他地方政府的监管则更为严格,对驾驶员、车辆和网约车平台都有更高要求。这引出了一个重要问题:各地网约车监管政策的差异是由什么因素引起的呢?

网约车行业问题是一个复杂问题,对其监管政策进行解释也较为困难。一方面,网约车行业是新兴行业,政府通常会支持它,因为它创造了大量就业机会;另一方面,网约车也给传统巡游出租车行业带来了竞争和改革压力。相对于传统出租车，网约车通常提供更好的服务，可以收取更高的费用，也更加注重乘客的体验和安全。比如，网约车的整个行程都可以追踪，并可以在高峰期灵活定价来平抑交通出行服务的供需矛盾。网约车的出现和发展导致出租车司机的生意大不如前。城市交通出行服务市场的规模扩大了，但是出租车行业却感受到严峻的竞争压力。

从乘客的角度来看，他们希望能够更便捷地使用网约车服务。但是，每个城市的交通运输管理部门都需要考虑本地交通承载能力。由于网约车的增加，许多私家车开始参与网约车服务，这可能导致交通拥堵加剧。然而，网约车也可以成为解决交通出行需求问题的有效补充，尤其是在城市公共交通系统不够发达的城市。因此，不同利益相关者对网约车有不同的看法和需求，只有综合考虑它们的诉求，才能解释网约车监管政策的差别。

基于上述讨论，我们对我国主要省会城市的网约车监管政策进行研究。

首先，建立编码表，收集和整理各地政策。

下载政策文件，仔细研究政策文件所规定的内容，以评估各地监管政策的严格程度。这些政策文件对驾驶员、车辆、网约车平台提出了各项要求。在某些城市，这些要求相当严格。例如，北京要求驾驶员必须具有本地户籍。但是，其他地区的要求相对宽松，驾驶员只需要拥有当地居住证。此外，我们还考察了其他因素，如驾驶员的年龄、学历，以及车辆的车龄、价格等。我们汇总各地政府的监管要求，设计了一项指标来反映监管政策的严格程度。我们的研究目标是了解这些政策在不同城市之间的差异，以及这些政策对网约车行业的影响。

其次，我们在研究中明确了四个关键因素，并将这些因素视为自变量。

第一，当地出租车行业的压力。具体表现为是否出现出租车司机罢工的情况。如果有罢工事件发生，这意味着出租车行业正面临较大的压力，或者说司机们愿意采取集体行动来抗议网约车监管政策。

第二，当地交通拥堵情况。我们的假设是，如果交通拥堵程度上升，当地可能不太愿意发展网约车，因为这可能会导致交通拥堵状况进一步恶化。

第三，公共交通系统的状况。如果当地公共交通系统发展良好，能够满足市民的交通需求，那么就不需要过度发展网约车。反之，如果公共交通系统不发达，缺乏公交车和地铁等公共交通选择，那么就需要发展网约车来满足市民出行需求。

第四，乘客需求。我们使用了一个指标，即每万人拥有多少辆出租车，它可以反映乘客交通出行需求是否得到满足。

我们通过这些因素来分析各个城市各方面利益相关者的需求如何影响政策选择，由此对这些城市进行分类。我们使用 QCA 进行计算，最终形成七种不同条件组合。换句话说，我们可以将这些城市分为七类，每一类都具有不同特点（见表 7-1）。

表 7-1　网约车监管政策的定性比较分析

组合	乘客需求	公共交通	交通拥堵	出租车压力	监管政策	典型城市
1	低	差			严苛	太原、贵阳、沈阳、兰州、长春、哈尔滨
2	低		严重		严苛	银川、呼和浩特、长春、哈尔滨、贵阳
3		差	严重	强	严苛	西安、南宁、济南、哈尔滨、长春
4	高	好		弱	严苛	福州、昆明、长沙、郑州
5		好	轻	强	宽松	南京、武汉
6	高	好		强	宽松	合肥
7	高		轻	强	宽松	杭州、南昌、成都

在这七类城市中，有四类城市的监管政策非常严格，但是它们背后的驱动因素各不相同。另外三类城市的监管政策非常宽松，而它们背后的驱动因素也各不相同。例如，就出租车压力来说，通常情况下，出租车压力越大，监管政策应该越严格，但是实际上反而没有那么严格。在 QCA 中，"强""弱"和"空格"代表不同情况。"强"表示出租车罢工情况较多，"弱"表示没有出租车压力，而"空格"表示这个因素与结果没有关联。因此，我们假设出租车压力越大，监管政策越严格。但是，实际情况并非如此，说明研究假设并不成立。

第七章 研究设计·定性篇

我们观察交通拥堵情况，结果也十分有趣。通常来说，交通拥堵越严重，网约车监管政策就越严格。我们假设公共交通越发达，网约车监管政策越严格，但是结果显示二者之间并没有直接相关性。实际上，公共交通状况越差，监管政策越苛刻。与此同时，乘客需求在某些情况下与我们的预期相符，即乘客需求越高，监管政策越宽松。当然，结果也存在与我们的预期相反的情况。例如，表7-1中第四种组合就与大多数假设相反。

当然，我们也可以考虑这些组合之间的差别。表7-1中，第一种组合是出租车保有量较高，但是公共交通情况很差，因此监管政策非常严格，这意味着出租车市场已经饱和，当地不需要发展网约车。第二种情况是典型情况，即出租车保有量高，交通拥堵，所以发展网约车是不合理的。第三种情况也很典型，城市交通拥堵，公共交通差，出租车竞争激烈，因此政府采取了强有力的监管政策。当然，其他组合也可以进行类似的区分，考虑某个条件的存在或缺失是否会改变监管政策。这种比较有助于解释为什么一些城市采取了特定监管政策，另一些城市则采取了不同政策。

QCA方法非常强调一个结果可能是由多个原因共同导致的，即不是每个原因独立导致结果，而是它们的组合关系导致这一结果。我们可以对这些城市或样本进行分类并逐个解释。QCA方法的一个典型应用，是进行分类后研究典型城市。例如，对于表中第一类组合，你可能会研究太原或长春等城市，以了解它们的具体情况，探究它们为何实施了特定政策，背后的原因是什么。

QCA 一方面涉及通过运算查找条件组合关系，另一方面需要对每个组合进行分析，了解为何某个城市是典型城市，以及它为什么能够有效阐释这一路径的存在。这是使用 QCA 进行研究时非常常见的，即在定量分析的基础上进行定性反思。

QCA 应用广泛，一些期刊每期都会刊登采用 QCA 方法的文章。当然，QCA 方法的过度使用也可能存在问题。所选的条件必须与结果密切相关，不能选择与之毫不相干或关联性较弱的条件。与此同时，对这些条件的测量必须考虑可靠性。QCA 的变量测量并不强调必须定量测量，也可以采用定性方法。例如，在网约车监管政策研究中，就关注监管的强弱问题，但是，必须仔细思考如何确保测量能够满足信度和效度标准。另外，通过 QCA 计算得出结果，必须能够解释为什么会得出这样的结果，为什么存在这样的组合关系，以及为什么这些城市被划分到这些组合中。这就是将其称为定性比较分析的原因：它更强调深入、有信心的分析，并对每个具体的典型案例进行剖析。

QCA 软件相对容易上手和操作，所以现今应用非常广泛。然而，我们也注意到存在一些滥用和误用的情况（戴正 & 包国宪，2023）。因此，在使用 QCA 时务必考虑研究问题是否适合使用 QCA，是否能够合理选择条件的组合关系，使用可靠的方法测量每个条件，并清晰解释得出的结果。

鉴于 QCA 越来越受欢迎，如果对此感兴趣，可以考虑进行深入研究和应用。然而，了解和使用这种方法需要系统学习和反复练习，从基础开始理解其逻辑思维，特别是深刻的方法论意涵，以及QCA与其他方法的区别。与此同时，还需要了解如何有条不紊地应用QCA方法，特别是如何使用相关软件。另外，要确保具备一定的理论基础，明确所选择的条件是最为关键和最相关的影响因素。QCA的重要性是显而易见的，我们的介绍是简要的，你可以查阅相关论文或阅读我们推荐的教材。

四、扎根理论

在进行定性研究设计时，扎根理论是一个常被提及的概念。事实上，扎根理论在定性研究中的应用非常广泛。相对于其他研究设计，扎根理论似乎更容易获得认可。这是因为它能够很好地还原我们的结论是如何通过逐步编码得出的，因而能够更好地说服他人，说明我们的研究是如何深植于经验资料之中的。

需要指出的是，尽管我们常称之为扎根理论，但是它实际上不是一种传统理论，而更像是一种方法论。它的主要目标是通过基于本土现象的研究来发展新理论，因此被称为扎根理论。然而，需要注意的是，关于扎根理论存在一些常见的误解，我们需要特别关注这些误解。例如，扎根理论不是一门容易学会的技能，也没有速成方法。要掌握它，就需要通过参加培训、获得指导并不断亲自实践，等等。

与定量研究不同，扎根理论的主要目的不是检验理论，而是构建和发展理论。具体来说，扎根理论不是用来识别变量的，更多的是用来发现现象背后的作用机制，以及它们之间的联系。因此，我们需要认识到关于扎根理论的误区，并努力克服它们，以更好地运用这种方法。

可以看到，扎根理论具有许多有趣的特点。例如，它并非强加于研究对象，而是一种自然的涌现（emerging）。换句话说，理论是自然而然地出现的，而不需要强行套用一个既有理论框架。当你收集了足够的材料并组织思考时，你在突然之间可能会豁然开朗，发现原来这些联系是如此明显，而你之前可能没有察觉到它们之间的关联。因此，扎根理论的发展是自然而然地发生的，它自带生命力，不需要强加构建。此外，扎根理论的发展也是一个动态的过程，需要持续不断地将数据收集和分析相结合，直至理论臻于完善。

另一个值得注意的特点是，扎根理论的数据来源非常丰富，几乎可以使用任何数据进行研究。然而，需要明确的是，扎根理论有其适用范围，而并非适用于所有情况。扎根理论更适合的典型场景是回答"什么"和"如何"的问题，即事件是什么、事件是如何发生的，而不太适合回答"为什么""何时""谁""何处""是否"这些问题。

如果希望研究某种现象，并对其进行深刻描述，那么扎根理论将会非常有帮助。同样，如果尝试解释某种现象的发生机制，那么扎根理论也是一种有力工具。因此,可以明显看到,扎根理论在解释各种现象发生的过程方面非常适用,特别是能帮助我们识别影响因素和发现新兴事物,进而更好地理解它们。这些方面,正是扎根理论的典型应用所在。

和其他研究设计相比,扎根理论有多个显著特征。

首先,扎根理论存在多个版本,包括经典版、程序版和建构版。这些版本与各创始者的理念密切相关,并没有绝对对错之分,只能说他们的立场和主张存在不同,所以,构建的扎根理论框架或模板也各不相同。

其次,扎根理论特别强调我们所面临的社会现象和现实是非常复杂多变的,而且各个方面相互关联。我们的重要任务是基于这些复杂、多变、相互关联的社会现象,构建一套理论来对其进行解释。

再次,扎根理论在一开始不会提出非常明确的问题,因为这种任务通常由定量研究来完成。扎根理论并不着重强调问题是人为确定的,它特别强调问题应该是自然而然产生的。当你搜集大量资料并深入研究这些资料时,问题会自然浮现,你也会考虑如何回答这些问题。与此同时,与所有执行研究的人一样,我们强调扎根理论的研究者与研究参与者之间的关系是互动和平等的。这种关系不是研究者来研究参与者的问题,而是二者共同参与研究问题。

最后,无论是文本、图像、视频,还是访谈、观察,一切资料都可以作为扎根理论的数据来源,都可以成为扎根理论的研究基础并用来构建理论。

由此可见，扎根理论非常强调研究者必须具备高度的理论洞察力。尽管面对同一组数据，一个人却可能只看到一堆数据，而另一个人却可能看到潜在的理论或理论的可能性。因此，扎根理论并不强调我们运用通常使用的内容分析法或其他定量分析方法进行词频统计或理论验证，而是仍然保持定性研究方法的本质，不试图将其转变为程序化的数据分析技术。虽然现在有一些软件和工具用于扎根理论的编码工作，但是它们无法替代研究者的理论敏锐性（theoretical sensitivity）。

研究，尤其是定性研究，需要一些灵感和洞察力。面对同样的数据，基于我们不同的经历和积累，我们会得出不同的结论。因此，扎根理论仍然是一种定性研究方法，强调研究人员需要具备一定的理论基础，以便能够更好地基于这些现象和材料，自然而然地发展出我们认为比较合适的理论。我们可以理解为，扎根理论的门槛相对较高，不是谁都可以轻松掌握的。

就扎根理论的操作来说，不同版本的操作程序会有所不同。以经典版本为例，它通常包括两个步骤：实质编码（substantive coding）和理论编码（theoretical coding）。相对来说，程序化扎根理论的门槛较低且更易普及，所以使用更广泛。它的编码过程通常分为三个阶段：开放编码（open coding）、主轴编码（axial coding）、选择性编码（selective coding）。

这三个阶段具有不同的特点，服务于不同目的。首先是开放编码，这一阶段通常是最初的编码过程。在这个阶段，你可以为每个

第七章 研究设计·定性篇

字段进行编码或命名,而没有明确的目的或方向。其次是主轴编码,在开放编码的基础上,需要进行一些选择和精简。你可能在开放编码阶段编制了 50 个字段,但是在主轴编码阶段,需要将它们压缩为 20 个,因此需要进行取舍。最后是选择性编码,这一阶段涉及选择性地对编码的字段进行排列组合,重构并发现它们之间的关系,而这有助于更深入地理解研究的主题和模式。

在这个过程中,我们需要不断地采集数据。扎根理论的过程不是一开始就要确定好理论,采集完所有数据,然后专门进行分析。相反,它是一个不断采集、不断分析和不断比较的过程。你需要抽样并持续不断地比较,直至达到理论饱和 (theoretical saturation)。在这个过程中会建立一个理论框架,继续收集新资料,不断查看理论框架是否发生变化。如果没有变化,就意味着你的理论达到了一定的饱和度,也就是说你的理论不会因为新资料的加入而发生变化。这时,你的理论相对来说就比较稳定了,达到了理论饱和。

当然,也可以使用相关统计方法或计算机软件,来辅助编码和分析。适用于扎根理论的计算机软件包括 Atlas.ti、Mindjet Mindmanager Pro、Nvivo 等,但是,它们永远不能取代研究人员的主观能动性。因而,我们特别强调这些软件和工具的辅助性质。在研究过程中,研究者需要发挥主导作用,因为软件的核心作用是在早期帮助我们编码大量琐碎的材料,帮助我们发现它们之间的内在联系。然而,最终建立哪些联系和保留哪些编码,都需要研究者来决定,因为软件永远只是软件,它无法取代研究者的主导性和主体性。

这些是扎根理论的基本操作步骤，如果大家能够理解这些基本操作步骤，就会明白，我们主要是通过扎根理论来收集各种资料，基于这些资料来考虑如何在不同阶段进行编码，并最终形成结论。我们通过一篇文章，来展示扎根理论在公共服务外包研究中的应用（贾旭东，2012）。

公共服务提供可以选择外包或不外包，而这往往被视为非此即彼。例如，在城市自来水领域，一些城市选择完全外包。同样，公共交通、医疗、教育等领域也存在是否应该外包服务的问题。从理论上来看，外包的主要原因是为了降低成本、提高企业效率。相对来说，不外包则主要是为了解决就业和社会稳定等问题。

公共服务外包的典型问题是二选一的问题，要么完全外包，要么不外包。但是，我们观察到一些城市既选择外包部分服务又保留部分服务。传统理论认为，政府要么外包，要么不外包，这种不完全外包或混合外包模式就与我们的理论存在冲突。因此，部分外包背后存在一些值得关注的影响因素和作用机制。

研究人员进行了一项研究，对一些城市展开调研并收集相关素材。他们与当地政府部门进行交流，询问为何选择外包或不外包。在这个过程中，有很多人纷纷提出他们的建议意见，解释了他们的理由。因此，研究人员运用扎根理论，通过开放编码、主轴编码和选择性编码，将所有这些因素合并，对相似因素进行分类，并建立它们之间的关系。

研究人员发现，不完全外包的背后受到内部和外部两类因素的影响。首先，外部动因分为两个方面。一方面是财政压力。不外包的话，现有团队将难以维持。政府部门出于节省开支的目的，认为外包变得越来越必要。另一方面，政府部门需要考虑政治压力，尤其是基层政府有时需要迅速应对紧急问题，满足运动式治理的需求。在这种情况下，外包无法激发企业的积极性，因为企业会坚持按合同执行，不愿意额外增加费用。因此，财政压力推动外包，而政治压力推动不外包。

公共服务外包的内部动因涉及基层政府自身，他们需要提高效率，而外包有助于达到这个目的。外部和内部动因共同作用，决定了政府部门会将某些模块外包，而保留某些模块。通过扎根理论，我们解释了为什么会发生政府不完全外包，还原了外包和不外包背后的不同因素，以及它们如何共同导致混合模式的出现。

我们通过一个具体实例来展示扎根理论的适用性，而类似这项研究的案例还有很多。我们可以看到，扎根理论特别擅长解释某个过程是如何发生的，以及是如何形成特定结果的。在解释我们认为难以解释的新现象方面，扎根理论非常有用，也有助于构建新理论。与其他理论发展方式有所不同，扎根理论更多地采用自下而上的归纳方式来总结和提炼理论。

五、混合研究方法

在研究设计中，我们经常讨论定量研究和定性研究。尽管二者在本体论、认识论、价值论等方面存在显著差异，但是实际上它们并非水火不容。从研究设计的角度来看，我们甚至可以将它们结合在一起。为什么这么说呢？因为在典型的研究设计中，我们需要考虑如何充分利用定量研究和定性研究的优势，同时规避它们的不足或劣势。有时候，在进行研究时，使用定量方法可能无法完全回答我们提出的问题，这时需要借助定性方法来辅助回答，这就是混合研究方法的研究设计。

混合研究方法在过去几年发展迅猛，越来越多的研究采用混合研究方法，使其成为许多学者考虑的研究设计之一。然而，混合研究方法虽然有潜力，但是实际操作起来却并不容易。这是因为每个人都有自己的专长，有些人擅长定量研究，而有些人擅长定性研究。要求一位研究者既精通定量研究又精通定性研究，或者同时进行两种研究，会很有挑战性。专注于某种研究设计，我们会做得非常出色。但是，在擅长和不擅长的领域都有涉足，可能会发现两者结合在一起的难度较大。

由此可见，混合研究通常希望研究者能够进行合作研究。有些人特别擅长定量研究，而其他人特别擅长定性研究，二者可以分工合作。混合研究设计并不是以随意或混乱的方式进行的，而是有意识和有计划的研究设计。在进行混合研究设计时，需要考虑如何得出某种结论。当某个研究假设不成立时，需要思考接下来的研究应该如何进行。因此，不同研究方法之间的混合不是偶然或意外的，而是经过事先考虑的，这种考虑将决定是否要使用混合研究方法。

第七章 研究设计·定性篇

当然，混合研究方法主要是指定量和定性的结合。如果研究中使用的方法都是定性的或都是定量的，那么我们不会在此讨论，而会专门在定量研究设计或定性研究设计中讨论，因为同一流派之间的差异不需要考虑。需要特别强调的是，混合研究设计本身具有明确的目的性。我们需要明确要将哪两种研究方法混合在一起，以及它们的先后顺序和主次关系。与此同时，还需要考虑如何处理这两种研究方法之间的关系。这并不是简单地将它们组合在一起，而是如何巧妙地将它们结合起来，共同回答我们关心的问题。

在研究设计中，谁主谁次的问题非常关键。有些研究主要是定量研究，并辅以定性研究。反过来说，有些研究主要是定性研究，但是为了解释某些问题而增加了定量方法。确定哪种方法更为主要，对于混合研究方法来说至关重要。

混合研究方法还要考虑在研究中谁先行和谁后续进行。例如，我们首先进行定性研究，通过访谈发现某种现象并进行概念化，然后使用问卷验证概念的结构。这种情况在量表开发中特别常见。如果你想测量职业倦怠，首先可以定义职业倦怠，然后与一些职员进行访谈，询问他们对职业倦怠的看法，探究职业倦怠的表现形式。每名被访者的回答可能都不同，但是当你将这些回答编码、合并同类项和归纳时，你可能会发现职业倦怠具有不同的构成形式。然后，你可以将其转化为一个量表进行定量分析，通过问卷调查来研究不同形态的职业倦怠及其关系。

这是一种混合研究设计，即先定性后定量。当然，也可以按照相反的方式进行研究，即先定量后定性。例如，首先组织一个实验，查看某项政策是否产生了预期影响。如果发现这项政策没有影响，或者影响方向与预期相反，即原本的理论假设不被支持，那么就可以通过定性访谈来了解实际情况，探讨为什么研究假设不成立。这就涉及先定量研究后定性研究。

当然，也可以同时使用定量研究和定性研究两种方法，因为研究人员完全可以同时收集定量数据和定性资料。除了先后顺序、谁主谁次的问题，研究方法之间的关系也至关重要。这些方法可能是互补的、相互强化的，或者相互对比的，等等。

此外，这些研究方法服务的目标也各不相同。有些方法旨在回答一个特定问题，而另一些方法用于回答不同的问题，这两类问题需要用不同的方法来回答。或者说，这两种方法都用于回答同一个问题，其中一种方法是为了提供更强有力的支持或补充，比如用于加强证据或进行对比。

由此可见，混合研究方法不仅仅是将两种方法简单地结合在一起，还需要有明确的目的性。我们必须仔细考虑问题，思考如何进行研究，选择哪种方法最适合，确定它们的先后顺序，明确这些方法要服务的研究目标，等等（克雷斯维尔 & 查克，2017）。有关混合研究方法的讨论主要集中在这些方面，所以混合研究方法本身就是一种独特的研究设计。在使用混合研究方法时，可以在文章开头明确宣布采用混合研究设计，并解释为什么这么做，以及使用这种研究方法的目的。在研究过程中，必须有意识地、有目的地使用混合研究方法,而不是仅仅出于偶然性,为了增加工作量或强调研究的付出而进行更多研究,因为这是没有意义的。

我们举例来说明混合研究方法的应用及效果。这篇论文由笔者与合作者共同完成,旨在探讨食品安全监管部门的资源和能力是否会影响监管绩效(Ma & Liu, 2019)。从理论上来看,我们预期如果向监管部门提供更多资金、人力资源和权限,他们会提高监管水平,进而提升民众对监管的满意度。因此,我们进行定量分析,收集主要城市的数据,并且调查当地居民对食品安全的满意程度,研究这些城市的食药监管部门是否获得了相应的资源投入,无论是人力还是财力。然而,定量分析结果却没有发现监管部门资源投入与居民的食品安全感之间存在显著相关性。这表明用更多的资金和人力资源,并不见得能购买到更强的食品安全感。

定量研究结果与理论假设相反。根据理论假设,无论是人力资源还是财力资源,应该是投入越多,食品安全感就应该越强。然而,结果并非如此。在这种情况下,不能轻易放弃这篇论文,因为理论上我们期望二者会存在相关性。既然数据本身无法提供解释,那么我们需要考虑其他方法。因此,我们对监管部门和食品消费者进行访谈,探讨政府监管能力与消费者安全感之间是否存在关系。通过访谈,我们发现了两类主要原因,可以解释为什么理论期望与实证结果不一致。

首先,资源分配是一种影响机制。监管部门的资金和人力资源虽然增加,但是并未用在关键领域。这些资源没有用于最关键的监管任务，例如与消费者的更多沟通，以及在食品安全问题爆发时进行及时的舆论沟通。另外，提高监管的专业水平也需要投入，包括人力和财力。在这种情况下，需要更深入地探讨监管部门的资源分配策略，以找出为什么尽管增加了资源，却未能增强消费者的食品安全感的原因。这有助于我们更好地理解食品安全领域的监管绩效，并提供更具体的政策建议。

可以清楚地看到，一些监管部门虽然获得了更多资金和人力资源，但是未将这些最重要的资源投入最关键的领域，导致资源分配出现问题。这意味着尽管监管资源的数量增加了，但是结构上并没有进行优化，因而监管效果并没有得到提高。

其次，沟通策略是另一种影响机制。当我们向消费者咨询时，他们并没有感受到监管资源的增加，也没有调整他们对食品安全风险的看法。我们可以看到监管部门与消费者之间存在一道鸿沟。监管部门的资金和人力本来应该向消费者这一端倾斜，使消费者能够感知到食品安全监管政策的变化。但是，实际情况并非如此。我们的研究解释了为什么尽管资源增加，却并不会自动带来监管效果的提升。这凸显了资源分配和沟通策略在食品安全监管中的重要性，以及如何通过这两个方面更好地满足公众期望并提高监管效能。

我们采用混合研究设计，将定量分析（二手数据分析）与定性研究（深度访谈）结合在一起，共同回答食品安全监管问题。首先进行定量分析，然后进行定性分析；主要侧重于定量分析，其次是定性分析。这是典型的混合研究设计，在许多领域得到广泛应用。

例如，当你完成一项实验后，发现结果无法解释时，可以使用定性研究方法来尝试解释。或者说，当你发现存在变量之间的某种关系，但是不清楚原因为何时，你可以通过访谈来深入了解。

或许读者还记得我们提到的专家型领导理论，该理论认为专业的领导者在领导专业性组织时会取得更好的效果（古多尔，2011）。但是，为什么会产生这种效果呢？数据分析难以回答这个问题。我们通过深度访谈，询问专家型领导，了解他们在管理和领导方面的实际做法，发现了一些有趣的现象。例如，当一个专业人士担任领导职务时，团队成员通常更愿意合作和支持，因为专家型领导者彼此相互尊重，领导者在专业知识上比其团队其他成员更为卓越。当一位在专业领域表现出色的领导者执掌领导职责时，团队成员会倾向于遵从其领导、认可其提出的政策。这是体现在组织内部的原因。而在组织外部，专家型领导也有重要影响。如果专业型组织的领导者不具备专业知识，那么舆论界和公众可能会怀疑该组织的可靠性和能力，而这会有损组织声誉。因此，深度访谈可以揭示专家型领导的影响因素和作用机制。

问题的性质是什么，往往决定了需要采用什么样的研究方法。如果目标是揭示两个变量之间的直接关系，那么定量方法是合适的选择。然而，相对来说定量方法往往难以揭示一些问题的本质。如果研究目标是揭示这些关系的内在机制，那么定性方法将更为有效。因此，只有将这两种方法结合起来，使用混合研究方法，才能更全面、更深入地回答我们提出的复杂研究问题。混合研究方法之所以具有魅力，是因为它能够应对不同类型的问题，充分利用定量方法和定性方法的优势。这种方法能够使你在研究中全面考虑问题，既能发现表面的关系，也能深入挖掘背后的机制。

　　当然，混合研究设计的复杂性相对而言也相应增加。因为你不再只需进行单一研究，而是需要进行两项甚至三项研究，来全面回答复杂的问题。这种复杂性也带来了更为丰富的研究成果，并可能导致更大的学术贡献，因此更值得期待。特别是对于许多学位论文来说，无论是硕士论文还是博士论文，如果你的研究问题适合采用混合研究方法，那么强烈推荐你使用这种方法。在这种情况下，你的论文可能需要涉及两项或三项小型研究，每项研究都可以采用不同方法，以获得更全面、更详细和更有说服力的研究成果。本章提供了关于混合研究方法的简要讨论，然而欲深入了解和全面掌握混合研究方法，则需要更多学习和实践。我们鼓励大家结合相关教材和学术论文，提升对混合研究方法的理解和应用能力，以更好地应对复杂的研究问题。

第八章 数据分析策略

不论是文字,还是图片、视频等各种形式的信息,都可以转化成能够进行分析的数据或资料。数据转换的灵活性意味着我们能够更全面地探索和理解所研究的问题,选择适当的数据类型来支持数据分析和研究工作。

一、数据分析的类型

我们在前文深入讨论研究设计的各个方面,包括选题、文献综述、理论建构、变量测量等。所有这些工作都是为数据分析阶段做好充分准备。数据分析涉及对采集到的各种不同类型的信息进行全面系统的研究,而分析方法与研究设计密切相关。在数据分析过程中,研究人员会面临许多关键决策,它们直接影响研究结果和结论。因此,需要在研究设计和数据分析之间建立牢固的桥梁,以确保研究能够达到既定目标。

前文的研究设计部分将数据分析分为定量和定性两个方面。下面，我们将详细讨论定量和定性数据分析的策略和技巧，帮助读者更好地理解和应用这些方法，以便在研究中获得成功。

数据随处可见，任何事物只要能够被记录或观测到，都可以看作数据的一部分。特别是在当今世界，数据的形式多种多样，呈现方式也丰富多彩，各种仪器、设备、传感器、物联网等技术都在不断地采集各种各样的数据。在这种情况下，一切都可以视作数据的来源。在数据分析中，一项极其关键的任务就是收集尽可能丰富的数据资源，然后进行处理、转换和清理，形成适合深入分析的数据集，确保研究能够顺利并产生可靠的分析结果。

在数据分析阶段，通常会根据研究设计的要求，将数据划分为两大类别：定量数据（quantitative data）和定性数据（qualitative data）。这两种类型的数据不同，对应的分析策略是不同的，在分析过程中需要注意的事项也各不相同。数据的不同性质会导致不同的数据分析策略，而这正是我们将数据划分为这两类进行分析的原因。

必须认识到，不论是文字，还是图片、视频等各种形式的信息，都可以转化成能够进行分析的数据或资料。数据转换的灵活性意味着我们能够更全面地探索和理解所研究的问题，选择适当的数据类型来支持数据分析和研究工作。

我们不应该狭隘地认为，数据一定是数字，或者一定是特指阿拉伯数字。实际上，数据多种多样，不一定都以数字形式呈现。因此，我们需要通过某种方式将其转换为统计软件可以识别的格式，从而使用统计软件进行分析。

二、统计分析策略

统计分析的"三板斧"

谈到统计分析，很多人可能会担心，尤其是文科背景的学生，对数学或统计不太感兴趣，也不擅长统计分析，更会"谈数色变"。进行统计分析经常强调"三板斧"原则，即理解、操作和解释，就是说只要在这三个方面达到一定的水平，合格的数据分析就可以手到擒来。就像开车一样，只要知道如何操控方向盘、踩刹车并掌握车辆的各项功能，就够了；至于如何制造、如何维修之类的问题，并不是用户必须了解的细节。同理，进行统计分析也要树立这种用户思维。我们是数据分析工具的用户，不是也不必成为统计专家和方法论专家，照样能够做好统计分析。为此，我们需要做到以下三点。

首先是理解。这意味着我们虽然可能不清楚统计分析背后的具体公式、演算过程或实现细节，但是至少要了解它们的逻辑和原理。就像我们提到的机动车，尽管不知道石油和燃料转化为动能的具体过程，但也知道这是一个能量转换过程，它是通过机械操作实现的。知道这些就足够了，不需要深入了解哪个公式适用于哪个步骤。这些具体技术细节并不是作为用户的我们必须关心的事情，我们只需了解它们的基本工作原理即可。

其次是操作，即掌握操作这些统计分析工具的技能。现今这些工具种类繁多，小如 Excel，大如 Stata、SPSS、SAS、R 及 Python 这些用于大数据分析的编程语言。需要熟悉这些工具的操作界面，能够熟练使用相关命令，并可以根据需要建立自己常用的命令集。在这种情况下，对每个命令只需要调整相应变量即可。以回归分析为例，需要确定在这个命令中哪些部分需要更改变量、哪些需要调整参数。只需要建立一个基本的模板，每次进行数据分析时根据需要更换变量和调整参数，即可重新进行统计分析。尽管这在一开始看起来有些困难，但是随着经验积累会变得不再困难。

最后是解释，即对数据分析结果进行报告、解释和阐发。数据分析工具的操作技能固然重要，更重要的是解释所生成的统计分析结果。对于许多人来说，这是看似简单而并未做到的。首先，并不是所有表格和图表都必须放到论文中，需要以特定格式对它们进行整理，并在其中进行取舍。此外，对于一些关键统计量，要能够清晰地解释。例如，在回归分析中，应该知道如何解读回归系数，以及如何对模型进行诊断。解释工作非常重要，因为有时候需要花费相当多的篇幅来详细讨论图表中每个统计量的含义。

总之，理解、操作和解释这三个方面的技能将为数据分析尤其是统计分析提供支持。需要注意的是，在进行统计分析时，并不总

第八章 数据分析策略

是能够立即得到完美的数据。这是很正常的情况，不必为此气馁。

在数据处理方面，研究人员通常需要执行以下任务：整理与审核、数据转换、数据库管理。

首先，需要对数据进行整理与审核，以满足后续分析需求。通常来说，需要采用特定审核方法，确保数据的真实性、可靠性、准确性和完整性。

其次，数据转换也是常见的统计分析步骤。例如，在处理许多数据时，我们可能希望较高的数值表示较高的满意度，但是实际测量可能恰恰相反。这时，我们需要进行相应的反转。此外，需要对一些数据进行对数变换，这既可以使数据更接近正态分布，也有助于解读数据。此外，还需要考虑不同测量尺度之间的调整。例如，将数值型变量转换为顺序变量或分类变量，或者将多选题拆分为单选题。完成这些任务意味着需要对数据进行重新编码和整理，以满足数据分析需求。

最后，数据库管理至关重要，也是非常普遍的做法。数据管理意味着需要合并数据库，或者进行一定程度的数据转换。例如，因变量（结果变量）可能来自一个数据库，而自变量（解释变量或原因变量）来自另一个数据库。在这种情况下，合并这两个数据库是非常关键的一步。只有这样，才能将不同来源的数据整合在一起，以进行进一步分析。因此，数据库管理在数据分析中扮演着重要角色，但同时也是许多读者可能感到困惑或没有做好的领域之一。

回顾之前讨论的二手数据分析，很多时候单独使用一组数据无法进行深入研究，因为这组数据可能已经被广泛使用，特别是公开可用的数据更是如此。在这种情况下，你会发现别人已经实施了你想到的点子，甚至想到了你没有想到的问题。但是，如果你将这个数据库与其他数据库合并，就可能产生一些新的研究点子。

比如，在研究城市问题时，需要对多个城市进行居民调查。这时，城市层面的因素是否会影响这些居民的调查反应，就是一个值得研究的问题。通过把一个城市层面的数据库和一个居民层面的数据库加以合并，会发现一些有趣现象，并提出有意义的研究问题。当然，这需要采用多层模型或分层线性模型等高级统计分析方法。

我们需要考虑如何对数据库进行转换，将数据从 Excel 转换为 Stata 或 R 等软件格式，或者将文本数据库转换为数值型数据库。为此，需要建立一个编码簿，告诉计算机这些数字对应什么，例如，1 对应什么，2 对应什么。这样一来，计算机才能进行批量处理。

此外，数据库的合并（merge）和叠加（append）是两种不同的操作方式。合并意味着将来自相同个体但是不同变量的数据合并在一起，例如，城市人口数据与城市经济和管理数据合并。叠加意味着所有变量都是相同的，但是可能会增加更多个体数据，这意味着拓展数据库的样本量。

数据库的格式也会根据需要进行转换。以面板数据为例，可以转换为长格式或宽格式，具体取决于如何构建数据库的结构。因此，数据库管理很像变魔术，需要将看似杂乱无章的数据转变为清

第八章　数据分析策略

晰、整洁的数据库，以供后续数据分析时使用。如果在这个环节出现错误或做得不好，后续数据分析将受到很大限制。因此，研究人员需要熟练使用相关统计软件，对数据库进行有效管理。

举例来说，中国教育追踪调查数据库包括学生问卷、班主任问卷、任课老师问卷、家长问卷、学校校长问卷[①]。需要使用学生的学号作为标识变量，将不同来源的问卷数据合并在一起。通过合并数据库，可以研究许多有趣问题，比如校长的领导风格如何影响学生的成绩，家长的某些因素如何影响学生的成长，任课老师、班主任、同学之间如何相互影响，等等。因此，需要考虑如何整合这些数据库，基于这些数据库生成新的变量并进行新的分析。

举例来说，我们可能会研究学生的性别比如何影响他们的学业表现。在这种情况下，需要根据学生所在班级的学生性别信息，计算班级中男生和女生的数量，生成一个新的变量，称为班级的学生性别比例。这个新变量可能会对学生的各个方面产生影响，对男生和女生产生的影响也会不同。

在许多研究中，都需要进行数据转换，而这与数据库管理密切相关。只有通过数据库管理，才能充分发挥数据的潜力，优化数据的利用，使其变得更加有价值。此时，不必担心是否拥有足够的变量或数据，因为数据资源非常广泛和丰富。例如，可以计算学生所在班级的平均成绩，也可以计算成绩的标准差，以确定成绩是否存在明显的差异或波动。平均值和标准差可以反映数据分布的不同特

---

① 参见：http://ceps.ruc.edu.cn/index.htm。

点,并可以作为解释许多其他现象的变量。因此,必须深入考虑如何对数据进行转换和如何进行数据库管理。

统计分析的"三张表"

除了"三板斧"(理解、操作和解释),统计分析还经常强调"三张表"(描述性统计分析、相关关系分析和回归分析)。"三板斧"的理解、操作和解释,是统计分析过程的三个关键步骤。"三张表"则代表了统计分析中最基本的三项策略。这三项策略有助于我们更全面地探索和理解数据,为进一步的数据分析提供基础。

第一项策略是对每个变量进行描述性统计分析,了解每个变量的特征和分布情况。第二项策略是进行变量之间的两两相关关系分析,了解它们之间的关联程度。第三项策略是进行回归分析。这一系列分析旨在深入探究某一现象背后的影响因素,以及这些因素对特定现象的影响程度。通过这三项策略,我们能够更深入地了解数据,并为进一步分析提供有力支持。

第一张表主要用来详细描述每个具体变量,了解其分布状态和特征。每个变量都有其自身的变化,需要详细描述这种变化,比如其变化幅度和范围。这部分工作属于单变量的描述性统计分析,对于统计分析具有重要意义。

通常来说,我们会从集中趋势和离散趋势两个方面来观察。在集中趋势方面,我们会关注均值、中位数或众数等统计量,以了解数据的中心位置;在离散趋势方面,我们更多地关注方差或标准

第八章 数据分析策略

差，这些指标能够反映数据之间的差异程度和分布范围。

在进行数据分析时，需要注意数据分布特征，特别是是否呈正态分布。这是因为，在后续的统计分析中，通常假设数据是正态分布的。如果数据不符合正态分布，可以采取一些策略，尽量使其趋向或接近正态分布。例如，你可能会注意到一些观测点的取值超出了预期范围，或者不太符合正常数据分布特征。我们将其称为离群点或异常值，需要考虑如何进行相应处理。

第二张表涉及变量之间的两两相关关系。我们专注于两个变量之间的关联，而不考虑其他变量的影响。需要明确的是，相关关系和因果关系是不同的，因为当我们观察到两个变量之间存在相关性时，并不意味着它们之间存在因果关系。然而，在通常情况下我们会首先进行相关性分析，这可以为我们提供一些线索并增加信心。需要强调的是，虽然相关性分析可以揭示两个变量之间的关系，但是并不能确定其中一个变量是另一个变量的原因。因此，在进一步的研究中，需要更多实验证据来验证因果关系是否存在。

在进行相关性分析时，会根据变量测量尺度采取不同方法。对于数值型变量，通常相对简单明了。我们使用皮尔逊相关系数这样的经典方法来分析数值型变量之间的关系。然而，当涉及分类变量时，即两个变量都是分类变量时，我们通常会采用列联表来进行关联性检验。如果一方是分类变量，另一方是连续变量或数值型变量，那么我们会选择其他方法，例如方差分析。需要注意的是，统计方法是否合适，取决于变量的性质和研究的问题。因此，在进行相关关系分析时，要根据变量类型选择适当方法，以确保得出准确的结论。

此外，有时候一个变量可能需要使用多个指标进行测量。在这种情况下，我们可能会考虑降维或压缩数据，将原本的多个指标合并成一个变量。这个过程通常可以通过主成分分析或因子分析等方法来完成，这些统计方法旨在帮助我们理解两个变量之间的关系。关于这些方法的具体细节，可以通过相关课程来学习和深入了解。至关重要的是，只要能够理解、操作和解释这些方法，就可以有效地运用它们来分析数据。

第三张表是回归分析。尽管我们可能观察到两两变量之间存在相关关系，但是这并不意味着这种关系一定存在，因为我们没有考虑其他可能影响它们之间关系的因素。有可能存在第三个变量，它同时影响这两个变量之间的关系，而这两个变量本身可能是没有直接关系的。因此，需要考虑使用回归分析来深入研究这些因素之间的关系。

在社会科学研究中，回归分析的应用非常广泛。我们常常需要在控制其他变量的情况下，通过回归分析来确定自变量与因变量之间存在何种关系。回归分析方法众多，包括线性回归和非线性回归。它们的关键区别在于因变量或结果变量的性质，即它是数值型、定序型还是定类型的。如果是数值型的，可以使用线性回归模型。如果是定序或定类型的，就需要考虑使用非线性回归模型，如 Logit 回归模型或其他更为复杂的回归模型。此外，当因变量的

第八章 数据分析策略

取值范围受到限制,存在分级、删截、上下限不明确的情况时,需要采用其他类型的回归模型。在不同类型的数据分析中,如截面数据、时间序列数据和面板数据,需要采用不同回归分析方法。因此,选择适当的回归模型取决于因变量的性质和数据的结构。

综上所述,可以利用三种关键统计表格来呈现统计分析结果。在撰写统计分析报告时,可以参考相关学科的最新期刊文章,了解如何报告回归分析结果,比如,统计显著性检验和相关统计量的报告方式。可以根据需要调整这些结果的报告格式,有些统计软件还可以按照要求输出结果。关键是不要一味地将所有结果都输出,而是要按照适当格式输出结果。要保持结果报告的一致性,例如确定小数点保留位数,是否取对数,如何解释回归系数,等等。此外,如果需要分析多个回归模型,非常重要的是了解它们之间的关系并加以解释。

当进行统计分析时,我们可以通过图来更好地呈现结果。许多人希望以图而不是表的形式来呈现统计分析结果。例如,在探究两两变量之间的相关性时,可以使用二维散点图来观察它们是否存在相关关系,还可以绘制一条线性拟合曲线,以确定它们之间是正相关、负相关还是无相关关系。在回归分析中,也可以用图来有效展示回归系数、置信区间以及变量的影响程度和方向。

以上介绍了统计分析的关键问题,希望能够帮助你理解如何进行统计分析。你可能觉得统计分析听起来很枯燥,似乎需要大量公式推导。但是,作为统计分析软件的用户,你只需要考虑如何有效地运用适当的统计工具来处理涉及不同测量尺度、变量和数据结构的分析任务，以及如何操作这些工具、如何报告结果、如何解释结果，而不必担心统计分析背后的数学公式或具体细节。相对来说，这才是统计分析中最重要的方面。

三、质性分析策略

定量研究和定性研究在很多方面存在显著差异，因此相关数据分析方法也有很大不同。定量数据分析主要通过统计分析来实现，而定性资料分析需要实现特定分析目的并达到特定效果。在形态上，定量资料更加规整、统一，而定性资料更加繁杂、多元。

在现场观察中，我们会听到和看到各种各样的信息，包括图片、视频、表演、访谈和档案等。对于所有这些资料，我们都需要考虑如何以恰当的方式呈现和使用。一方面，这些素材必须为理论构建服务。另一方面，必须原汁原味保留下来最优秀的部分，让读者能够通过这些内容充分体验我们的研究，进一步了解我们通过深入、长期、扎实的研究得出的结论。

就此而言，我强烈建议大家思考新闻调查记者是如何运用素材的。记者会亲临现场，采访多人，拍摄照片和视频，并做许多笔记，获得的素材非常丰富。但是，由于报纸版面限制，记者只能选择其中的精华部分进行报道。因此，记者在进行报道时需要有一条

第八章 数据分析策略

故事主线,将素材最大化利用,以充分满足报道需要。新闻记者通常会直接引用受访者的原话,以体现其来自第一手信息的真实性和可靠性。此外,记者还可能在报道中使用具有震撼力的图片,甚至增加视频元素。由此可见,定性数据分析与讲述故事差不多,关键在于围绕某种理论建立一条故事主线,并通过素材呈现此主线支撑的理论。

定性数据分析的前提是在数据收集过程中要非常用功。我们常说"好记性不如烂笔头"。在定性调查中,虽然可以利用录音笔和摄影摄像设备,但更重要的是养成记录和反思的习惯。定性调查非常辛苦,白天座谈、走访、访谈,舟车劳顿,晚上还需要马上整理调查笔记。如果当晚不记录下所收集到的数据,第二天的记忆就会减半,第三天再减半,到最后甚至有可能脑子里已经找不到什么有用信息了。所以,当我们进行定性数据研究时,要在调查的同时抓紧记录下来并实时反思。

在进行定量数据分析时,可以使用统计软件进行操作。定性研究也有对应的软件支持,但是不能完全依赖这些软件,它们更多的只是在前期数据整理时发挥支持作用。真正的跃迁和升华,需要研究者自己来实现。当我们深入研究大量资料时,可能会发现自己无法完全掌握,甚至会陷入其中而难以自拔。在这种情况下,可以依靠智能分析软件辅助进行初步整理、分析和描述,并尝试提炼出可行方案。

在进行定性资料分析时,我们需要明确不将其作为定量资料进行分析,不使用定量方法处理定性资料,除非我们计划后续进行统计分析。若使用定性资料进行定性分析，就需要摒弃定量思维，考虑如何深入理解并真实呈现这些数据。换言之，需要大量阅读和反思，考虑资料背后的联系，展示它们的原貌并形成有意义的结构。因此，在进行定性分析时，必须意识到它与定量分析存在很大不同，不要用定量思维来分析定性资料，而要用定性思维来分析定性资料。

一开始，你可能觉得资料看起来杂乱无章，缺乏头绪，似乎没有联系，但是，要考虑如何发现它们背后的联系。这些联系可能是隐而不宣的，是在日常生活中没有人察觉到的。然而，通过你的一双理论眼睛，就能够发现并将它们串联起来。当你将它们"拎"起来时，它们会按照一条主线有序排列。这样一来，就能够实现对定性资料的分析。

在使用扎根理论进行分析时，我们会对这些资料进行编码处理，首先进行开放式编码，然后按照特定主题进行编码，最后进行选择性编码。在这个过程中，需要适当合并一些相似编码，编码的数量可能会从最初的 1 000 多条减少到 100 多条，甚至最后只剩下 10 条。在这个时候，概念逐渐凸显，概念之间的联系得以形成，理论命题变得突出起来，也就完成了理论构建。

当然，在进行定性分析之后，必须要有读者意识，要反过来思考：当人们阅读你的论文时，如何知道你去过现场，如何知道你采访了这些人，你的资料是通过何种方式呈现出来的，等等。我们常说"有图有真相"。你需要通过地图、照片和受访者的原话，来支

第八章　数据分析策略

持和证明自己的研究发现。这样的话，读者就有强烈的现场感：就好像我亲自到过现场一样，通过我的眼睛看到了现实、看到了问题所在。

在讨论定性资料分析时，特别需要注意一些重要原则。与定量资料分析相比，定性资料分析在许多方面都有所不同。

首先，定量资料分析更多地依赖现有的假设或理论，然后通过数据来验证它们的一致性。这就像我们预先设定一个目标，然后通过射击来命中这个目标。定性资料分析并没有这样的目标设定，它更多地考虑从下而上的涌现过程。这个过程是自然而然地产生的，而不是我们强加的。

这一点非常关键，而很多人可能不太了解，认为这与演绎逻辑思维不太一致。质性研究更多地采用归纳法，基于观察和经验材料来提炼理论。定量研究更多地采用演绎法，在已有理论假设的基础上，回到现实中收集资料，并与之相印证，以验证理论与现实是否一致。

其次，质性研究特别强调与理论对话，而不仅仅是讲一个好故事。例如，当你进行单个案例分析或个案研究时，你可以很好地描绘该案例的主角及其经历的过程，但是，如果很难提炼出一般性的理论结论，那么这个描绘就不符合我们期望的分析结果，而更像是新闻报道或文学作品。研究过程是与理论对话的，所以必须牢记理论构建与对话，数据分析要始终围绕着理论的框架进行。要认识到定量研究是演绎法，而定性研究是归纳法。它们之间的差异非常大，这也决定了数据分析的不同方式。

在进行定性资料分析时，必须考虑如何进行归纳、如何通过这些资料提炼出一个理论框架。资料内部的结构是隐藏在现象背后的，需要运用理论的敏锐性，将隐藏在这些资料之中的理论抽取出来，使我们看到它们的结构，并用它们解释各种现象。

在许多情况下，定性资料分析比定量资料分析更具挑战性，它需要洞察力和理论储备，也要求更高的技能。但是，不能将理论强加于资料之上，理论只是让我们更好地理解这些资料。与定量分析有很大不同，定性资料分析特别强调对整体资料的把握，这意味着在进行定性资料分析时需要深入研究这些资料，全面了解其中的细节。

就像一位演员一样，如果他非常擅长演戏，他就必然会完全沉浸在角色中。他可能会非常依赖并享受这种状态，因为角色扮演让他能够从角色的角度看待很多事情，而此时他已经进入忘我状态。

在进行定性资料分析时，会有一种类似的感觉。你需要深入研究这些资料，回到你调研的地点，重新回到现场，与跟你交流的人亲密接触。你需要忘记自己作为一位研究人员的身份，忘记自己与他们的区别。就像《扫地出门》这本书所描述的，直到有一天，你的言行举止乃至整个形象都与研究参与者完全一样，在这种情况下，你说的每句话都与他们的特点非常相符，此时你就达到了预期效果。因此，定性资料分析更像是演员表演，必须是沉浸式的真实过程。

第八章 数据分析策略

当然,在进行定性资料分析时,我们必须认识到理论和概念是高度抽象的。我们收集到的资料可能多种多样,需要看到它们的共同特点,因此,简化是必要的。而计算机软件可以起到一定的辅助作用,在初期帮助我们进行分析,提示可以识别出哪些模式,例如,指出某些概念可能相关,或者某些概念可能还有另一种关系。但是,你自己需要判断这种模式是否与你对现实的理解相符,是否需要换一种模式来加以理解。

定性资料分析与定量资料分析的不同之处在于:定量资料分析有一套清晰明确的标准来进行判断。例如,通过回归模型的方差贡献度,可以很容易地判断是否达到标准。另外,定量资料分析要按部就班,每个步骤都有一套明确的处理方法。然而,定性资料分析需要考虑如何实现具有想象力和深入性的分析目标,才能有效呈现这些资料背后的理论。相对来说,定性资料分析强调研究人员的想象力,需要考虑如何更好地呈现这些资料。我们通过这些资料来想象理论框架是怎样形成的,而其分析策略是一种只可意会不可言传的过程。

仍然举我们之前讨论的例子,来讲述扎根理论的数据分析(贾旭东,2012)。在扎根理论的数据分析中,需要对资料进行编码,逐步推进,直到抵达期望的理论框架。以城市公共服务外包为例,研究的问题是为什么城市政府部门会选择外包一部分公共服务,而保留另一部分。你走访许多城市,向许多人提问,他们给出各种各样的答案。你需要仔细剖析他们的每一句话,思考它们之间是否存在联系，将原因剖析出来。

例如，某句话描述的是一种动力、动机或动因，这可能和其他句子表述的是同一个原因，只是表述方式不同。一开始，研究人员提到了财政原因，包括节约成本、减少支出、缓解财政压力等，虽然这些陈述各不相同，但是背后的意思都是财政压力。你可以将最初数百个原因合并在一起，将财政压力描述出来，并进一步将它们抽象化。合并同类项的过程，就是进行抽象、聚类和提炼的过程。

将那些看似无关的事物转变为有关联的事物，这个过程是一种逐步深入编码的过程。比如，一开始可能有十万字的访谈资料，然后编出一千个条目，进一步编出几十个小概念，最终将它们整合成若干个大概念。这就像一棵树，一开始根须很多，到最后的树冠只有一两个，但是，从树冠往下走，仍然能够回到这些根须。这是定性资料分析的一个重要功能，即使每个人的特点和分析方法不同，也都能够自洽地回溯整个过程。这样就达到了定性资料分析的效果，而要想达到这个效果，需要从选题到数据分析全程参与。

学习任何方法都是为了能够用于实际情境，在实践中加以使用，所以，要"干中学""用中学"。如果只是听课程内容，不去实际运用并了解具体过程，那么你会发现实际情况并不如你所想的那样。你需要在实际场景中灵活调整，将学到的研究方法精髓融入研究的各个环节。这是定性资料分析的关键，也决定了资料分析能否奏效。

当然，这些数据分析方法看起来容易，学起来难，用起来更

第八章 数据分析策略

难。真正想要掌握，则需要系统学习。最好参考一种统计分析软件，这样会更容易一些。推荐大家选择学习 Stata 或 R，它们代表未来统计分析的趋势，在许多方面具有明显的优势。当然，与定性资料分析相关的软件越来越多，大家可以至少掌握一种。

第九章　学术论文写作

　　首先，要多阅读。阅读优秀的研究论文，并进行批判性思考，而不是盲目地阅读。其次，要多实践。研究需要在实践中逐步推进，并臻于完善。最后，要建立自己的学术圈。在完成论文后，可以向一些人请教，请他们提出意见和建议，以此来改进和提升论文。

在进行社会科学研究时，非常重要的是与学术同行和整个社会进行交流，分享研究成果。在完成大量前期研究后，我们需要以好的形式与同行和其他人进行交流，了解彼此的研究方向并展开学术对话。我们通过论文来呈现研究发现，但是论文写作与其他文体有很大不同。例如，我们每年都能看到高考满分作文，但是，与作文相比，论文在表现形式、内容和写作要求等方面都有很大区别。论文不是文学作品，不太强调文采。学术论文更注重如实、完整、有效地呈现研究发现,分享研究取得的成果。当然,我们在研究的各个环节都在进行论文写作,而不是等到研究完成后才开始写论文。例如,我们在文献综述的过程中就会不断阅读新的文献并吸收其中的知识。

关于学术论文写作,我们将讨论以下几个问题。首先是如何撰写开题报告,这是研究的总体规划。其次是论文的结构,即论文应包括哪些关键部分,每个部分使用什么样的写作方法。再次是如何实施科学的管理。论文的写作类似于一个小型项目,我们需要管理好项目、分配好时间并掌握相应的技巧。最后是论文写作要领。所有这些都是写好论文无法绕开的话题。

一、如何撰写开题报告

论文的开题报告(proposal/plan)就是研究设计或研究计划,是告知他人你会如何开展和完成研究,这是启动研究并获取认可和资助的重要依据。开题报告涵盖了研究设计的方方面面,涉及从选题到数据分析的整个过程。与其说开题报告是一份规划图,不如说它更类似于一份施工图,它清晰地描述了每个环节需要采取的步骤。换句话说,如果开题报告提出的研究规划是具体可行的,你就能够顺利地推进每个环节。

就像盖房子一样,规划图或效果图展示了这个房子将来的样

第九章 学术论文写作

子,然而,要确保房子能顺利盖好,还需要详细的施工图纸来清晰地指导每个环节、每个具体步骤。开题报告就是施工图纸,如果把它交给另一个人,他能够按照你的要求完成相应的研究,并且与你的期望相差不大,这样,你的开题报告就达到了预期效果。

当然,实际的研究可能与我们在开题报告中的设想有一定的差异,特别是在实际遇到的情况方面,差异可能会很大。相比之下,定量研究的开题报告会更加严谨和有序地推进,而定性研究的开题报告需要更灵活地调整研究设计,不太容易按部就班地推进。无论如何,开题报告都必须明确、具体、可操作,这样才能在实际的推进过程中得到认可并真正发挥作用。

开题报告涵盖了多个要素。以中国人民大学硕士学位论文的开题报告为例,共包括九个方面,每个方面都与前文讨论的内容密切相关。选题需要论述选题背景、研究目的和研究意义。文献综述是一个专门模块。理论构建涵盖了主要研究内容和拟解决的核心问题。研究方法部分需要说明具体的研究设计。此外,我们还要考虑论文的提纲和章节安排,这与"八股文"的设计和谋篇布局有关。另外,你需要制定一个计划,明确完成工作的时间和目标,给大家提供一个基本预期。研究过程中可能遇到一些困难和问题,你需要思考如何灵活应对。开题报告还要写清楚研究有哪些创新和特色。最后,应列出主要的参考文献。

中国人民大学硕士学位论文的开题报告格式

一、选题背景及研究目的与意义

二、文献综述

三、主要研究内容和拟解决的主要问题

四、研究方法

五、论文提纲（主要章节设计）

六、进度安排和预期达到的目标

七、预计研究过程中可能遇到的困难和问题以及解决的措施

八、研究的创新和特色

九、参考文献

这是一份开题报告的典型样例，其他学校的开题报告格式基本类似，大同小异。如前文所述，在撰写开题报告时，我们需要将其视为一个施工图，而不仅仅是一个规划图。它必须是可行的、清晰的。在研究方法的阐述和论证方面，定量研究和定性研究会有所区别。

就定量研究来说，需要详细说明许多具体细节，以让人们看到你已经做好了充分准备，只等一声令下，就可以行动起来，立即启动这项研究。在定量研究方法部分，需要考虑一些具体要素，比如数据来源是什么，如何抽取样本，分析单位是人、团队、组织还是地区，因变量、自变量、控制变量、中介变量和调节变量等各个变量的测量方法是什么。

为了正确测量相关变量，建议准备一个详细的表格，明确说明因变量、自变量和控制变量的测量方法和测量尺度。此外，你还需要明确数据来源。如果计划进行统计分析，则需要选择适当的回归

第九章 学术论文写作

分析模型并解释为什么选择这个模型,如何考虑其中涉及的问题。此外,任何研究设计都存在一些不完美之处,会有一定的局限性。你需要思考如何采用合适的方法来应对或克服这些局限。

你应主动向他人说明研究设计可能存在的不适宜之处,而不是等待别人提出。这时,你可以提出补救措施,或者指出当前学术界对此问题的处理方法。实际上,有些问题是无法根本解决的,但你只要写清楚了,读者或评审人会意识到你已经考虑了这个问题,只是暂时无法解决。没有研究是完美的,读者或评审人会理解你的研究的不足之处。

在撰写开题报告时,需要突出研究方法的各个细节。我们以问卷调查为例讲解研究设计需要考虑的因素。

首先,你需要解释为什么选择使用问卷调查方法。如前文所述,问卷调查并不是必然或首选的研究方法,因为它在很多方面具有局限性。因此,需要首先解释为什么使用问卷调查方法,说明调查研究对于我们选择的研究问题是比较合适的研究方法,并列出问卷调查方法的优点和缺点。

其次,对问卷进行设计,并通过量表对变量进行操作化处理。你需要明确每个变量在问卷中是如何反映的,对应的问题和选项是什么。类似定量研究常见的设计方法,最好用一张表将各个变量列出,并解释如此设计问卷的原因。如果之前已经有人进行过类似设计和测量,最好可以提及以作为依据。

你需要清楚地说明是如何进行抽样的、研究总体是什么,还需要确定样本能否代表总体,并明确样本量是多少。你需要认真考虑这些因素,说明问卷如何设计,以及为什么选择这种设计方法,你在发放问卷的过程中采取了什么方法,是否提供了一定的激励(如给受访者红包或小礼物)。你还需要明确,一旦获得了这些变量的数据,是否能够进行统计分析,具体的统计方法是什么,在统计分析中会遇到哪些问题,等等。最后,需要在开题报告的末尾附上问卷原文,完整展示基于问卷调查的研究计划。因此,开题报告并不仅仅是一个简单的规划图,更是一个翔实的施工图,它清晰地阐述了研究内容是如何展开的。通常情况下,开题报告的篇幅会超过1万字。

除了开题报告的计划安排部分,所有内容都可以直接放入论文中。实际上,开题报告和最终论文之间存在较大的重叠性。换句话说,如果你的开题报告写得好,它在很多方面可以直接用于论文。你需要做的只是进行相应的调整,例如,在表达方式上做一些调整。原来开题报告可能会写"我将要进行……研究",而现在论文可以改为"本文已进行了……研究"。

这也是我们需要认真编写开题报告的原因。一个好的开题报告会使后续研究工作进展得更加顺利,甚至可以在很大程度上帮助我们完成论文撰写。例如,在进行文献评估时,可以在开题报告中做好初步评估,并在撰写论文时进一步查阅和补充最新文献,而不会对整体文献综述产生太大影响。再如,在编写开题报告时,理论构建应确保清晰明了。当然,在后续的数据分析过程中,可能需要对

第九章　学术论文写作

其进行一些调整，但是总体而言变动不会太大。

在论文写作时，我们在开题报告阶段已经完成了大部分工作，不需要等到最后才开始撰写论文。换句话说，最后的论文撰写更多地侧重于呈现具体的数据分析结果并进行讨论。而在前期工作中，我们应该已经完成了大量准备工作，使其满足论文写作需要。因此，开题报告是非常重要的。在撰写开题报告时，我们需要考虑一些要点，因为写好每个部分都有讲究。

在讨论选题时应该直接提出问题，让大家明确你要解决的问题。不要拐弯抹角让人费尽心思才能找到你的研究问题，而是要在一开始就直截了当地提出研究问题，把研究问题放在显著的位置。

应该对研究背景有一个很好的铺垫，让人觉得接下来的研究是有必要的。你需要很好地论证研究的价值。一个好的选题要有趣、有意义、新颖和可操作，所以如何使你的选题显得有趣、有意义就非常重要。

文献综述不应该仅看到局部的细节，而是要像乘坐直升机一样，俯瞰整片森林，能够看到森林的结构、脉络和格局。每一篇文章就像森林中的一棵树，你不能"只见树木不见森林"，而是要提炼出整个森林的格局。这样，文献综述才能写得十分出色。

就理论构建来说，你需要自圆其说，很好地论证理论的各个方面。特别是要说清楚为什么选择这种理论，为什么要高度关注这个概念，以及概念之间的关系。

需要着重强调的是，在撰写开题报告时，最重要的是清晰地阐明研究方法，说明你为什么选择这种研究方法，以及每个步骤如何操作。刚才讨论了问卷调查，你需要非常详细地说明问卷调查的程序和步骤，使其他人看了以后可以进行类似的研究。此外，还需要提炼研究的创新点和特色。

以上是开题报告需要重点关注的问题，只要我们掌握了这些基本要点，开题报告就能写得出色，并使后续研究进展顺利。我们还将在后文探讨如何引用和标注文献，确保格式正确和引用准确，从而避免学术不端或不规范的问题。

二、学术"八股文"

许多人将学术论文写作归结为"八股文"，这是有一定道理的。在中国古代科举考试中，考生为了获得功名和官职，需要撰写一篇符合特定格式和形式的"八股文"。类似地，学术论文之所以被称为"八股文"，因为它也需要遵循一套严格的章法和套路。实践表明，只要我们能够很好地遵循这些基本规则，所写的论文就能达到要求。

学术"八股文"与研究过程密切相关，尤其是定量研究。它的每个部分都与研究的各个环节相对应。例如，我们的研究需要提出问题，进行文献分析，构建理论假设，收集数据，进行变量测量，开展数据分析，并最终得出结论，相应地，学术论文也要包括问

第九章 学术论文写作

题、文献分析、理论假设、数据、测量、研究方法、数据分析、结论八个部分，每个部分都不可或缺，共同构成了一个闭环的基本框架。

当然，每个部分的写法有所不同，呈现方式和篇幅长短也会有所差异。因此，在撰写论文时，布局是非常重要的，尤其是如何运用学术"八股文"的结构。学术"八股文"看似提供了一个框架，有点像枷锁一样束缚手脚，但实际上完全可以灵活应用，无拘无束地达到预期目标。换句话说，学术"八股文"只是为你提供了一个指导，每个部分的先后顺序、重要程度、轻重缓急，都可以根据实际情况进行一定的调整。从这个意义上来说，我们应该按照一定的步骤和模板构建论文，但要避免刻板、僵化和套用现象，尽力做到因势利导，随机应变。这样一来，论文就能更好地呈现我们所期望的状态。

研究是从问题出发的，需要提出一个研究问题，并对相关文献和理论进行综述，讨论不同观点和不同证据，以及如何在此基础上进行创新；需要提出理论假设或命题，构建理论模型；需要对变量进行测量。无论是定量还是定性，都要使用不同的测量尺度和方法进行测量。此外，还需要运用多种方法收集不同类型的数据，并对这些数据进行分析，以验证理论假设。

当然，我们讨论的是以定量研究为主的学术论文。相对而言，定性研究的论文格式与其存在较大差异。但是，在主要模块方面，两者有相似之处。比如，每个部分都有其位置，彼此之间相互关联，不能前重后轻，或者前轻后重；每个部分都应该均匀分布，并且结构清晰明了。

与此同时，学术"八股文"并不要求文采，而更注重准确报告研究发现。因此，简明扼要、清晰流畅是非常重要的，而不是使用排比句或冗长的语句来阐述问题。学术论文通常不过分强调文笔，但是如果你的文笔较好，可以在引言、理论构建和结论等部分进行优化。通常来说，使用简单、直接、朴实的文字即可达到要求。

如果将学术"八股文"形容为一个图形，它更像一个沙漏的形状，从一般的方面逐渐过渡到具体的方面，再从具体的方面回归到一般的方面。在最初阶段，它可能是一个开口很大的沙漏，随后逐渐变得细小，最后再次扩展回来。从沙漏的角度来看，开口大意味着论文重点关注的是一般问题，开口小则说明论文探讨的是具体问题。

首先，论文引言部分讨论的必须是全球范围内广受关注的一般问题，如减贫、应对气候变化、促进儿童成长、医疗、城市应急管理的韧性、公共交通出行如何高效且绿色等。你应该关注的是一般问题，而不是局限于某个村、县或区域的特定具体问题。换句话说，你需要关注广泛的问题。无论是中国人还是外国人，都会对这个问题感兴趣，因为我们都是人类社会的一部分。因此，在提问题时我们要有一个高度，使用普遍适用的理论，从一个广泛的问题开始，讨论应该更加广泛。你的理论假设可以在中国适用，也可以在其他国家适用。当然，你可以强调该理论的情境依赖性，但是至关重要的是突出该理论具有普遍适用性。

其次,研究背景涉及具体的研究对象,需要具体化到某个国家、地区、群体或政策领域。我们的研究不可能涵盖所有人,也无法在所有领域进行,需要找到一个可以掌握的支点,可能是某个地区、人群或行业。我们讨论的是具体的问题,例如以某市或某区为例,或者以某个部门或某个行业为例。

最后,需要在讨论和结论部分将分析结果加以提炼、普适化、升华和提升。换句话说,要在讨论和结论部分回到最初的一般问题和普适理论,而不是局限于具体问题或案例。

论文写作遵循从总体到具体再到总体、从一般到具体再到一般的结构,我们必须在脑海中深深铭记这一点,据此构建论文的思维框架。论文每个部分的写作同样要遵循这个原则。例如,在引言和理论部分,我们可能根本不会提及研究的具体地区和政策领域;但是,在论文的中间部分则会大量讨论与此相关的问题,因为讨论的是普遍主题;在论文的结论部分,又不再提及具体问题。因此,非常重要的是将这种"总体—具体—总体"的论文结构融入写作过程,并在写作时考虑如何体现这种结构思维。

三、论文的谋篇布局

论文的谋篇布局与前文所述的沙漏的结构密切相关。一般来说，一篇典型的论文应包括如下关键要素：

论文结构总览

标题（中英文）

摘要、关键词（中英文）

第一章　绪论

第二章　文献综述与理论基础

第三章　研究方法

第四章　结果（视情况，可以拓展为两章）

第五章　讨论与政策建议（讨论可以融入结果一章）

第六章　结论

参考文献

附录：问卷、访谈提纲、访谈对象、相关资料等

首先是标题、摘要和关键词。如果是中文论文，还包括这些要素的英文翻译。

其次是论文的主体部分，通常包括六章。当然，也可以根据需要增减章节，但一般以六章左右为宜，不能过多或过少。

第一章是序言、引言或导论，用于引出论文的研究背景和目的。

第二章是文献综述与理论基础。有时，理论部分会与文献综述分开，形成两章。这取决于研究的广度和前人研究的情况。如果研究领域非常广泛，那么可以分为两个部分详细介绍。如果是刚刚有人开始进行研究，则可以将文献综述并入第一章的引言。

第三章详细说明研究设计，特别是研究方法。

第九章 学术论文写作

第四章呈现研究结果。如果研究结果很多，可以分为两章或三章来细致描述。

第五章是论文的讨论部分。如果篇幅较短，可以与结论部分合并，或与上一章进行适度融合。

最后是参考文献和附录。在现在的研究中，附录的使用越来越多，因为正文可能无法涵盖所有内容。一些材料相对不那么重要，但是与论文相关。当我们无法将它们包含在正文中时，就需要考虑如何整理这些材料，将其放入附录中。有些内容可能不会出现在论文的打印版本中，只通过论文网站或其他方式进行呈现。例如，论文提到的问卷、访谈提纲和受访对象等。

由此可见，学术"八股文"并不是刻板、僵化、机械的，而是非常灵活的。每个部分都可以与前面或后面的部分结合，而不是非要按照特定的结构和顺序硬套。当然，每个人的习惯不同，不同期刊的要求不同，也需要相应地进行微调。每个部分在写作时都有不同要求。前文已经对开题报告进行了详细介绍，下面将重点关注摘要、讨论和结论等几个重要部分的写作方法，以便大家清楚了解论文完成过程。

论文开头呈现的内容是标题，它与研究问题密切相关。在讨论选题时，我们会说"题好文一半"。同样，在论文标题的选择上，也要考虑如何选好题。"生孩子容易，取名字难。"给论文起标题就像是给孩子起名字一样，不是一个可以轻描淡写的不重要的问题，而是一个十分关键的问题。因此，我们需要下功夫考虑如何巧妙地给文章起一个好名字，并不断地进行打磨。有时候需要准备几个备选标题进行比较，以最适合的方式起一个好标题。

论文的标题通常采取固定结构。比如，主标题与副标题结合在一起，主标题通常呈现一般问题，副标题则提炼具体的应用场景或时政案例。标题一般不宜过长，应该在20至30个字间。在一个快节奏、浅阅读的时代，标题是需要仔细斟酌的，看是否朗朗上口，是否引人注目，是否给人一种高大上的感觉，这些方面直接关系到人们愿不愿意花时间阅读你的文章。成稿前，可以尝试先把标题读给别人听，看看他们有什么反应。

标题可以采用主副标题结合的格式，也可以采取提出问题的方式，或者使用歇后语，都可能会取得很好的效果。举例来说，将研究问题凝炼后直接放到标题中，读者一看到问题就会愿意点击和阅读。现在，越来越多的论文以这样的形式起标题。比如说，"养儿能够防老吗？""多子多福吗？""高薪能够养廉吗？"，这些都是自设悬念的主标题。同时，还可以添加一个副标题，介绍研究的地点、采用的概念以及数据收集的区域等。

当然，我们不鼓励"标题党"。但是，反过来说，我们可以思考的问题是：为什么"标题党"能够成功？"标题党"对起标题有什么启发？比如，"标题党"常常采用提问的方式，提出一个个令人着迷的问题，勾起你的兴趣，让你特别想点开看个究竟。可是点开之后，你又会感到失望，但至少这个标题是成功的。

我们期待大家尝试不同形式的标题。除了前文提到的以提问的

第九章 学术论文写作

方式作为标题，还可以将问题的答案直接放到标题中。比如，一篇论文通过研究得出了核心发现、关键概念和理论，可以将这些要点凝炼成标题。这种类型的标题是非常好的，因为足够清晰、明了。例如，如果你发现了三条路径，标题可以是"……的三条路径"或者"九大启发"等。

综上所述，撰写论文时，首先要意识到标题的重要性。标题是读者阅读论文时第一眼看到的内容，起一个好的标题非常关键；如果标题不吸引人，读者可能不会继续阅读，一篇好的论文可能会被埋没。希望我们举出的例子能给大家一些启发，也希望大家在日常阅读中尽可能多思考并多积累一些好标题作为储备，经常阅读并从中获得灵感，以便更好地撰写自己的标题。

除了标题以外，摘要也是非常重要的部分。人们通过阅读它可以获取论文的主要信息甚至绝大多数信息，而不必阅读全文。可以说，摘要就是论文的精华，读完它就可以获得与阅读全文差不多的收获。我们可以将读论文比作吃水果的情景，将论文看作水果，将摘要视为果汁，因为果汁是从水果中榨取的，其所包含的营养与水果本身相差无几。因此，摘要应该突出研究的核心发现和主要结论，凸显研究的独特性和重要性，而不需要详述研究背景和论文结构等内容。

当我们在学术期刊网上点开一篇论文时，首先吸引我们的除了标题，就是摘要和关键词。摘要就像论文的门面。在阅读完摘要后，我们会判断是否要下载论文全文并进一步阅读。如果摘要不好，不够吸引人，那么后面的内容再好也可能被埋没。所以，一定要写好摘要。

一个好的摘要通常是结构化的，每个部分分别简要介绍研究背景、研究目的、研究方法、研究结果、最终结论以及研究的价值等要素。医学期刊论文主要使用结构化摘要模式，不少出版机构也推崇这种模式，对摘要的要求大抵如此。非结构化摘要的结构没有那么严格，可以按照这种结构化的要素逐一编写。

摘要是凝聚研究精华和亮点的地方，提供了向读者展示研究成果的宝贵机会。正确的摘要应该仅涵盖研究的核心内容，包括研究的目的是什么、采用了哪些研究方法、得出了什么发现、研究有什么重要意义等，而不是用大量篇幅介绍研究背景或强调研究的重要性。一些期刊要求摘要的字数范围是 150～200 字。我们应该充分合理地利用这个篇幅，将摘要的含金量最大化。如果期刊要求 200 字的摘要，我们只写了 100 字，那就有所缺失了。不过，摘要也不能太长。如果写一则 500 字的摘要，对于期刊论文来说就显得过于冗长，会显得内容拖沓，甚至无法称之为摘要。因此，在撰写摘要时，我们要像思考水果和果汁的关系一样，尽量包含所有的精华。最后的果汁成品才是论文最重要的结果。至于水果从花到果、从小果到大果、从生到熟的过程，并非关心的重点。这可能有点功利性，但这正是摘要的目的所在。

实际发生的情况印证着我们的论述。许多科学家没有足够时间和精力阅读所有论文，通常只看摘要。除非摘要引起了兴趣，他们

第九章 学术论文写作

才会去查看原文。在化学等许多学科领域，摘要的重要性比论文全文更突出，科学家们只看摘要汇编的情况更为常见。

与摘要相关的一个重要部分是关键词。通常，我们会选取几个关键词来描述研究的主题、方法和对象，这些关键词是检索文献时需要使用的，也是他人用来发现我们的研究的线索。因此，在选择关键词时，应该尽可能使用一些主题词或一般性的词语，以便引起他人的搜索兴趣。

在阅读论文的标题、关键词和摘要后，如果下载了全文，下一步就是阅读引言或序言。论文的引言或序言相当于剧本的开场白，为论文的研究背景和论点做了铺垫，因此它通常是最难写的部分之一。相比之下，其他部分通常较为易写，可以较好地呈现研究内容。

引起读者兴趣的关键在于，如何使论文的第一句话就引发读者的阅读欲望。比如，《三国演义》的第一句话引用了"天下大势，分久必合，合久必分"这样的经典语句。同样地，其他作品在一开始也要抓住读者的注意力，否则他们就会离开。尤其是在这个注意力稀缺的时代，必须抓住读者的关注点，激发他们的兴趣，让他们愿意阅读我们的文章。因此，论文的第一句话或第一段话非常关键。

你需要通过一些方法来论证，为什么读者应该阅读你的论文，以及你的研究为什么如此重要。从这一点来说，研究背景的铺垫非常关键。我们通常需要强调以下几点。首先是介绍宏观背景，即人口、经济、社会、政治、科技等方面的大趋势是如何发展的。其次需要提供权威的数据和最新的信息，通过一些生动的案例来说明研究背景的重要性。最后，在描述研究背景之后，需要清楚地陈述问题，告诉读者我们要研究的问题是什么。

在引言写作方面，我们可以从反面例子中获得一些感悟，学到好的方法。例如，一个莆田系医生在面对一位患者时会说三句话，而它们对于留住患者非常关键："你有病！很严重！我能治！"莆田系医生的这三句话流传甚广。尽管无法考证其真实性，但是我认为其中蕴含着重要启示。这三句话涉及研究问题的三个关键方面。首先，病在哪里？其次，为什么病情如此严重？最后，医生能否治疗？作为作者，我们在写论文时要抓住这三句话的内在逻辑，突出论文的研究问题，凸显研究问题的重要性，并强调我们采用的研究方法能够回答这个问题。

此外，非常重要的是，我们所讨论的研究问题必须是一个带有问号的问题。我看到许多论文通篇没有一个问号，这不符合论文的标准，因为论文的核心是问题导向的。因此，必须明确提出带有问号的问题。可以提出一个或多个问题，并在开篇就予以呈现；既可以是一个问题，也可以列举几个子问题。

引言部分相当于开胃菜，应该避免过长。对于一篇标准的学术期刊论文而言，引言最多不应超过两页。在第一页，我们就要明确提出问题，而不是等到全文结束才提及，或者干脆不提问题，这些都是不可取的。当然，可以在引言部分提及其他方面，比如论文的章节结构和主要贡献。论文涉及许多部分，你可以介绍论文以下部分的内容安排。研究应该具备创新性和特色，你需要清楚地阐述研究的价值和意义,包括理论价值、实践意义或政策意义。当然,每个学科的习惯和要求不同,可以根据具体学科进行相应调整。

研究的创新点和特色之处可以分成两个部分分别讨论。创新点是指与现有文献相比,在哪些方面有独到的见解和贡献。这些方面应当具有实质性的特点,不能简单地将研究对象描述为新的,因为这并不构成创新。你可以强调理论视角、研究方法、具体证据和研究发现的新颖之处。

类似地,你可以从几个方面来讨论研究特色。例如,你的研究使用了新的理论视角,而其他人没有从这个视角研究该问题。又比如,你的数据与他人的数据不同;你的分析方法采用了社会网络分析,与常见的回归分析不同,等等。然而,并不是与他人不同就一定具有特色,更重要的是你比他人更好地回答了某个问题。只有在与他人不同的基础上还能提供更好的解答,才能说明你的研究具有特色。

开题报告撰写部分已经介绍了文献综述、理论构建和研究方法等方面如何写作,这里将重点谈论论文的结论和讨论部分。我们已经呈现了论文的研究发现,那么在结论和讨论部分还要阐述和讨论什么呢?引言是从一般到具体,这里就是从具体到一般,即如何提升、升华和提炼问题。

很多人非常熟悉实践,但是很难将其理论化。为什么呢?因为他们全身心地投入实践中,无法站在更高的角度看待问题。也就是说,他们对细节了如指掌,但是无法进行抽象、概括和提升。而这项工作通常需要理论研究来完成，讨论部分恰好要做到这一点。这里的讨论不能再局限于具体的实证结果，而是要跳脱出来，站得更高，看得更远。

在讨论部分，首先要总结研究发现，并讨论其理论贡献。我们要回顾各个研究假设是否被证实。如果没有被证实，原因是什么？如果被证实了，又意味着什么？我们需要讨论这些实证结果的实践启示和政策建议。请注意不要偏离主题，不要提出没有基础的政策建议。其次，还要诚实地承认研究存在的不足，并指出未来应该在哪些方面展开研究。

我们通常会把结论和讨论放在一起，除非你愿意将结论单独作为一章或一段呈现。与引言和研究综述相同，讨论和结论通常也是论文中最具挑战性的写作部分之一，我们需要思考如何将其写好，以呈现论文的精彩观点和研究发现。

四、论文的写作技巧

论文写作除了谋篇布局和结构，更重要的是写作技巧。写作技巧体现在许多方面。我们常说"写作是门手艺"（刘军强，2020），因为写作不完全是纯粹的科学性，还具有一定的艺术性。同样一项研究，由不同人完成并写成论文，最终归宿也会不同。一个人的写作可能仅发表在三流期刊，另一个人的则可能发表在一流期刊。尽

第九章 学术论文写作

管研究结果相同，但是区别在于能否将这项研究成功地展现出来，这与艺术造诣密切相关。因此，论文写作技巧涉及许多要点，值得详加谈论。

细节决定成败。论文中必须避免一切低级错误。你历经几个月甚至几年的艰辛工作，投入了大量时间和精力，最终形成了几十页的研究成果。你认为这是一项不容易的工作，其他人也认为你的研究非常精彩。但是，当论文提交给导师或期刊编辑时，情况就不同了。他们可能会惊讶地发现自己成了语文老师，需要帮你修改、润色、完善你的论文。

所以，细节非常重要。如果不能很好地把握细节，那么很可能一些低级错误会让你的努力前功尽弃。你做了大量工作，仅因为一些细小的错误而出现严重的问题，这实在令人感到非常遗憾。

我们说细节决定成败，就是希望你真正关注到这些具体方面。虽然它们可能很微小，但是如果连微小的问题都不能得到妥善处理，大的方面又怎么能够处理得很好呢？细节上的小毛病常常预示着整体上的大问题。

当我们写论文时，毫无疑问，完美永远是下一稿才能达到的目标。但是在某个阶段，我们可以对自己说，修改得差不多了。我们既不能忽视对论文的不断完善，也不能过于苛求完美。经验表明，在你写到一定程度，告诉自己差不多了的时候，论文应该基本上没有低级错误，能够满足发表的基本要求。

论文并非一篇文学作品，不需要华丽的文笔，但是至少要保证可读性。如果不希望导师或编辑变成我们的语文老师，我们就应该自己做好语言表达。许多论文的英文和中文表达都不太好，这可能与我们所处的互联网环境有关。在互联网环境下，沟通实时化、思维碎片化，人们的语言表达往往没有经过深思熟虑。网络聊天说错话，可以迅速撤回或补充，但是人们却很少停下来思考，然后再写下去。这种互联网表达方式很流畅，但是也存在各种问题，并反映在论文写作上。

反过来说，我们既然处在互联网时代，也要因应互联网环境进行论文写作，但一定要注意许多细节。例如，论文要多分段，适应互联网时代的阅读习惯，不能一段话占据两三页，让读者出现眼晕等阅读不适问题。要注意排版的美感，比如独字不成行，如果一行刚好多了一个字，应该尽量删去，或者让其凑成一行，而不是单独占一行。论文的内容要有整体的平衡感，在布局方面注意匀称，避免虎头蛇尾、头重脚轻。

互联网环境中，要特别注意避免出现错别字。我们在使用输入法时经常会遇到一些莫名其妙的问题，所以要特别小心。我们可能想输入某个词，但是一不留神却输入了另一个词。在写作中要避免这种情况发生，可以读一遍自己写的内容，或者请别人帮忙读一遍。

要正确使用标点符号。比如，英文中没有顿号，很多人习惯将逗号用于各种情况，而很少使用顿号。再比如，英文使用半角符号，占用半个空格；中文的标点符号使用全角，占用一个空格。在使用时要避免混用和错用，否则会引起格式问题。

第九章　学术论文写作

　　要注意具体措辞的使用,避免写作的口语化和非正式化。这些都是非常基本的问题,但在审阅论文时经常遇到,说明值得我们特别关注。有些论文的标题出现错别字或语病,或者英文翻译出现错误,这就好像你在出门时没有化妆,或者化妆时不小心涂错了眼影,或者你的脸上有一粒米粒,这会给人留下怎样的印象呢?

　　还有一些类似的问题,比如字体、字号的混用,分段问题,语句逻辑的自洽性问题,段落的关联性问题,图文不匹配问题,等等。这些方面虽然没有涉及写作技巧问题,但都是不可容忍的低级错误。所以,我们首先要练好基本功,避免让这种低级错误造成严重后果。

　　在论文写作过程中,我们要认识到论文就像一个项目一样,应该采用项目管理方法,有条不紊地进行管理。这既需要有组织性,还需要一定的技巧。

　　想想看,你的电脑桌面是什么情况?当你打开电脑时,桌面是整洁的还是杂乱无章的?如果你的桌面充满各种文件和图标,甚至有时找不到你要的东西,那就意味着你缺乏组织性和条理性。如果你的桌面非常整洁,文件夹里的内容也被清楚地分了类,那么基本上你的工作也是有条理的。

　　对于论文撰写,应该建立一个文件夹,来有序整理相关资料。比如,使用的数据、素材,论文的不同版本,参考文献,期刊投稿要求等,都应该分门别类地放在文件夹中。一个文件夹用于存放参考文献,还可以在该文件夹下创建分类标签,将重要文献放在前面,不太重要的文献放在后面。这样一来,每篇论文都有一个相应的文件夹,打开就可以看到各个子文件夹和具体文件。这种组织方式会使你的论文写作有条不紊。

你在撰写论文的过程中可以考虑创建一个论文模板,就像我们制作PPT一样,这样会提高你的工作效率。统一模板之下,每一部分的写作、每一段话的撰写,都会形成你自己的表达方式。无论是词组的选择还是段落的组织,都会效率更高。类似这样的技巧实际上都是基本功的体现,需要我们反复强化,不断提升。

论文写作还需要注意时间管理和心态管理方面的技巧。互联网时代,时间非常碎片化,时不时会有人打扰你,微信、微博、手机短信等会不断干扰你。在这种情况下,时间管理意味着我们如何管理这些碎片化的时间。你要将这些时间进行整合,以保证每天有足够集中的时间来撰写论文。其他的片段时间,可以用来处理其他事务。当然,这些时间并非完全没有价值,但是,相对来说它们的重要性没有那么高,或者要求不那么紧迫。实现高效研究,关键是能够灵活利用碎片化的时间。例如,阅读一篇文章,记录一些观察,写下思考的内容,等等。通过这种日积月累的积累方式,自己的论文将逐渐形成。论文写作并不是在一周之内连续投入大量时间来完成的,而是需要分散进行,可能需要一个月、两个月甚至三个月来完成。与此同时,还需要平衡论文、其他工作和生活之间的关系。这个过程需要经历一次次考验,形成自己的工作习惯和写作模式。

有效的时间管理对于论文写作至关重要。你可以定下一系列小

第九章　学术论文写作

目标,比如本周完成摘要、前言和结果部分的写作,下周进行数据收集,等等。这样一来,就能够逐个实现小目标,进而达到大目标。这个过程会帮助你建立起信心。

在研究的过程中,我们常常会有自相矛盾的心态:一方面,欣赏他人的优秀研究成果;另一方面,却深陷自己不能达到同样水平的挫折感中。我们有时候会感到困惑,甚至陷入无法自拔的状态。因此,确保自己拥有信心十分重要。这种信心的建立,与逐一实现小目标息息相关。

此外,要善于让各种可利用的工具服务于我们的研究,随时随地开展工作。作为科研人员,我们并不受考核、打卡或考勤的严格限制。这种相对自由的状态令人羡慕,意味着你可以根据自己的需要科学合理地安排时间和工作方式。但是,有时候一旦进入瓶颈期,你可能一整天都没有太多产出。如果能发挥好自身优势,利用好各种有利条件,那么在任何时间都可以研究和工作。

论文是一个项目。成功完成一项研究,就意味着成功管理一个项目。这两者有很强的互通性。每个项目都是独一无二、没有重复的,研究和论文也是一样。我们可以在写作过程中借鉴项目管理的思维方式,从而提高研究效率和论文质量。比如,虽然计划赶不上变化,但是仍然要制定开题报告和研究计划,并不断进行调整和磨合,以适应和满足完成论文的各种要求。

时间管理的一个重要方面就是"截止日期效应"(Deadline Effect),因为一旦确立明确的截止日期,就可以迫使自己去完成任务，否则无法达到预期效果。与他人分工合作，可以倍增自己的时间。有时候，可以请他人帮忙来提高效率。

另外，备份论文也是一个重要问题，要避免在写完论文后电脑突然崩溃或文件丢失。一定要多做论文备份。

在论文写作方面，还有一些供大家参考的建议。

首先，要多阅读。阅读优秀的研究论文，并进行批判性思考，而不是盲目地阅读。这样一来，你的品位和批判能力就会逐渐提升，你会明确什么是优秀的研究、如何快速找到优秀论文并发现论文的关键内容。在这个过程中，你会形成一套自己的方法论，这会让你受益终身。这种方法不仅适用于论文写作，还可能在其他事情上进行技能迁移和知识迁移。

其次，要多实践。研究需要在实践中逐步推进，并臻于完善。要将所学的研究方法用于实践，并不断摸索和实践，就像摸着石头过河一样，只有遍历全过程，才能了解研究是如何完成的，才能明确自己的差距在哪里。模仿和复制一项成功的研究，也是学习提高的有效路径。同时，只有在模仿的基础上加以创新，才能走得更远、更稳。

最后，要建立自己的学术圈。在完成论文后，可以向一些人请教，请他们提出意见和建议，以此来改进和提升论文。也可以尝试投稿，并寻求审稿人的反馈，然后基于他们提供的意见和建议进行修改。这样可以推动论文写作，并使你少走弯路，更好地实现论文写作的目标，最终形成良性循环。

第十章 研究伦理与价值

写作需要符合规范，科学研究也要追求价值。

一、学术规范

在进行社会科学研究时，我们除了要遵循研究设计的各个环节和掌握论文写作的要领，还需要意识到研究必须遵循一定的规范和标准。写作需要符合规范，科学研究也要追求价值。这体现了研究的伦理要求，是社会科学研究的重要方面。

许多人进行研究或完成论文，仅仅遵循工作规定或学习要求，甚至将其作为一项必须硬着头皮去完成的任务。即便如此，我们仍要考虑研究是否经得起考验，写作是否能够避免问题。我们在这个过程中要创造价值，而不是浪费时间、精力、财力和物力。因此，我们十分强调研究要遵循一定的伦理规范，追求一定的价值取向，这样才能使研究达到预期效果。

  我们在进行研究时要意识到，当前的学术环境与过去存在很大不同。大家都了解翟天临事件引起的影响。他获得硕士和博士学位，但是论文存在严重抄袭问题。可悲之处不止于此，还在于他对中国知网一无所知。这一事件引发了一系列讨论，并推动了许多改革。自翟天临事件之后，高校添加了一门必修课——"学术规范与论文写作"。这门课程旨在教导我们如何撰写学术论文，遵循学术规范，达到学术标准，从而避免常犯的错误。

  有人说"天下文章一大抄"。这是一种比喻的说法，并非真的指抄袭。在学术研究领域，这句话既是指我们引用别人的观点，又是形容一种写作方式。所谓"天下文章一大抄"，特指论文借鉴了其他文献，吸收了他人的思想，参考他人的研究成果。然而，这并非逐字逐句的抄袭，而是一种有着传承和递进意味的论文写作方式。

  一般认为，一篇论文如果因袭了多篇论文的核心内容和观点并将其整合在一起，是可以接受的。但是，如果一篇论文直接抄袭了另一篇论文，那么就会带来很大的问题。在英文学术界也有类似的看法，即当你抄袭一位作者的成果时，这算是剽窃；但若你集纳、借用了很多人的成果，这就被看作研究了。换句话说，所谓的"天下文章一大抄"，更多的是指参考已有文献，吸收其中的精华，并在此基础上进行创新。不过，对此也是仁者见仁、智者见智的。

  当然，抄袭与剽窃都有明确界定。抄袭指的是逐字逐句地复制他人的段落或文字。如果你将他人用外语写的一段话翻译过来，而

第十章　研究伦理与价值

没有标注是他人的观点，也属于抄袭。剽窃更多的是指把他人的思想和观点用自己的方式表达出来，却没有明确注明出处。剽窃就是偷窃他人的知识，只不过采用了一种更隐蔽的方式，让别人很难察觉。别人会认为你所说的与他们所说的完全一致，但是无法证明你的行为是抄袭行为。这种高度隐晦的抄袭需要我们特别警惕，因为逐字逐句的抄袭虽然很低级，但相对容易被发现并纠正。剽窃有时很难确切界定。特别是那种拼凑式的剽窃，更加难以辨别。

在研究伦理方面，人们非常关心论文查重问题。目前，论文查重是所有研究成果在评审和发表过程中都必经的一个步骤。无论是学士、硕士和博士学位论文评审，还是期刊论文发表和专著出版，都要求提交论文查重检测报告。检测报告会对比论文和已有文献之间的文字重复率，主要考察逐字逐句的重复情况。

论文查重有好的一方面，能让我们对研究的诚信有一定的信心，至少可以通过论文查重证明文字重复率没有超过一定限度。然而，不利的一面是，这会引发一系列问题，比如，如何确定抄袭是否成立？如何应对查重中发现的问题？

我认为，如果论文确实是自己逐字逐句写的，那就不需要担心，甚至不需要进行查重，因为你有足够的信心。真正需要进行查重的，通常是那些存在问题的论文。作者知道论文有问题，或者心里没底，所以需要进行查重。从这一点看，自己亲笔写论文远比抄袭别人更坦然、更踏实。这是因为，如果抄袭别人，总会存在一定的不确定性，总有可能被发现；而如果自己逐字逐句地写论文，那就不用担心查重不通过的可能性。

不过，论文查重也会带来一些意外和烦恼，因为论文查重软件并不完美，它可能会将直接引用的段落视为抄袭，或者将某些相似的表述视为抄袭。然而，这些问题并不会影响论文实质。因此，我们只需要以正常的态度看待，就不会出现不能接受的结果。当然，论文查重结果取决于你选择的查重平台和查重时间，这些因素不同，也可能会导致很大的差异。

在自己的诚信和能力面前，论文查重其实无关紧要。除非你个人特别担心或特别希望验证这个问题，可以通过查重软件来检查一下，否则，只要按照我们之前提到的原则撰写论文，是不太可能出现问题的。除非你犯了一些低级错误，比如：复制了一段文字却忘记是他人的；阅读论文时记住了他人的论述，写作论文时却以为是自己的原创。这些情况下可能被视为抄袭。但是，这类问题在大多数情况下很少发生。只要大家能够诚实写作，就不必庸人自扰。

我们在论文中需要明确表明自己的立场，清楚区分哪些观点是引用他人的、哪些是参考他人的，并进行相应的标注。同时，也要大声说出哪些是自己的原创。只有这样，才能确定在这个研究的历史进程中，谁是主要的贡献者，谁应该获得承认。

也就是说，在遵守学术规范和研究伦理方面，我们需要明确每一个观点、思想和理论的归属，分清别人的和自己的，不将别人的观点冒充为自己的，也不将自己的观点改为别人的。与此同时，也要据理力争地坚持自己的观点，以展现研究的个性和贡献。

第十章 研究伦理与价值

文献引用是研究伦理和学术规范中最基本、最重要的问题之一。与作文不同的是，论文需要更严谨、严格和规范地引用文献。我们需要清楚说明自己的论文如何参考他人的研究，与他人的研究存在何种关系（这种关系决定了我们的论文与他人论文的区别）。

文献综述要结构化地展示文献，这意味着要明确指出哪些文献是重要的、相关的，哪些是次要的、无关的。有些文献需要详细讨论，有些则只需简单提及。通常情况下，一篇学位论文的参考文献有30~40篇，有时可能达到50篇或更多。在这些参考文献中，要以期刊论文，尤其是发表在顶级期刊上的优秀研究成果为主。此外，还可以参考一些专门的学术资源和研究报告。如前文所述，一般不建议引用学位论文，更不要引用各种所谓的"百科"。从参考文献的新旧程度来看，文献综述应该涵盖经典和前沿的文献，综合运用中文、英文或其他语言的文献来反映研究的全面性。

我们已经建立了一套文献编排和标注体系，尽管每个期刊要求不同、每个国家存在差异，但是在引用文献时都可以明确标注。如果直接引用他人的观点，要用引号并标注页码，说明其中的话是他人说的。在直接引用某篇文献的一段话时，要标注引用文献所在的页码。对于感兴趣的读者来说，他们会去查看这些引用。对于不感兴趣的读者来说，这也不会影响他们的阅读体验。

我们常常会总结前人的观点并转述，为此需要明确标注这些观点是前人的。如果一位前人引用了另一位前人的观点，当我们无法直接查看更早期的文献时，需要同时标注这两个观点或两个文献。

有时候，这些文献是用少数语种写的或者是很久以前的文献，我们无法直接获取。在这些情况下，我们仍然需要将文献标注出来，以表明我们进行了转引。就此而言，我们需要区分一手文献和二手文献。

在论文写作中，文献编排格式通常分为两大类或三小种。第一类是作者-年份法，其中最典型的是美国心理协会（APA）标准，目前已经发布了第七版。作者-年份法要求每个引用都包含作者和年份的信息，这样就能明确标注是谁在哪一年提出了某个观点，而我们引用了这个观点。

第二类是顺序法，通过脚注或尾注进行引用。我国的国标采用的就是尾注法，并按照引用顺序进行编排。如果第一句引用了一篇文献，就放在第一位［1］；如果第二句引用了另一篇文献，就放在第二位［2］；如果第三句引用了第一篇文献，还是继续使用第一位的标注［1］。与尾注法类似，脚注也是按照顺序引用文献，但是在每一页都重新编排顺序。

我们不能混用文献编排格式，而且要明确中文和英文文献在很多方面的差别。如前文所述，中文文献使用全角符号，而英文文献使用半角符号。英文作者的名和姓需要区分，并区分大小写。当然，可以使用 Endnote 这样的文献管理软件，帮助我们自动输出参考文献和引用格式，省去编排参考文献的烦恼。

无论是作者-年份法还是国标，都规定了报纸、书籍、论文集以及网络文献等类型的文献编排方式，不同类型有不同的规定，包

第十章 研究伦理与价值

括作者、标题、出版社、出版地、年份、页码等内容的格式。我们需要熟悉和遵守这些规定。一旦熟悉了这些规定，无论是手工还是使用文献管理软件来编排，都可以使文献参考和引用达到规范要求。一次性完成参考文献的编排并确保格式完美，可以节省大量时间。在投稿或准备学术论文时，请务必遵循这些标准编排参考文献。

我们在撰写论文时还需要注意参考文献的引用规范。比如，你在一段文字中引用或参考了他人的观点，但是没有标注作者，这可能引起作者的不满，他们甚至会找到你质询。这段文字实际上是他们讲的，不标注就是不妥的。再如，你的研究是在他人之后跟进完成的，但是你不引用，也不强调你们的研究之间的关联，也是不合适的。

我们要注意文献引用的规范性。不要小看这个问题，处理不好就会因小失大。就像文献检索一样，文献引用反映了你对该领域的熟悉程度，以及对相关文献的了解情况。与此同时，引用文献也是对前人研究的承认和传承。因此，我们希望每一页甚至每一段话都有文献引用，尽量确保每一页都引用文献，最好是每个段落都引用文献，以避免发生引用不足的问题。

论文引用文献不足是常见问题，然而引用过度也是不恰当的。如果论文的每句话都引经据典，甚至每句话都引用多个文献，就会导致文章的阅读体验差，读者会感到思绪不断被打断。很多学术论文过分注重引用文献，却导致文献引用变得有名无实，甚至成为一种炫技式表现。我们应该意识到，一篇论文也并非文献引用越多越好，就算引用了 300 篇文献也并不意味着什么，反而可能反映出你的归纳能力和选择性阅读能力不够，以及虽然参考文献面面俱到但缺乏深入思考。所以，在引用文献时应该谨慎权衡，既要避免引用不足，又要防止引用过度。

在使用文献时，我们要知道文献是可以被反复引用的，不是说每个文献在文章中只能出现一次。重要和相关的文献可以在论文的各个部分多次出现，无论是在引言、讨论、理论假设部分，还是在研究方法等部分。可以这么理解，反复引用是被允许甚至是鼓励的，它能够向读者传达出你对哪些文献非常重视和赞赏。

引用文献要保持前后一致，这样才能确保文献引用的完整性和一致性。当你在正文中引用了某篇文献时，该文献的相关信息也必须在参考文献中出现，反之亦然。一定要避免混淆和张冠李戴，将某人的观点错误地归于他人，或将某篇文章错误地归于其他文章。需要注意的是，这些作者有可能是潜在的审稿人。如果他们发现自己的姓名或文章标题存在拼写错误，或者自己的观点被引用到了他人名下，难免就会影响他们对论文的印象。

上述这些问题是参考文献编排和引用涉及的学术规范和研究伦理问题，在论文写作过程中需要特别注意。

此外，要避免一稿多投，不要同时向多个期刊投同一篇稿子。这会导致期刊编辑和审稿人的无谓劳动，因为每本期刊都会假定你是一稿一投的。如果多本期刊都接受了你的投稿，你会面临难以抉择的问题。如果期刊之间形成共识和联盟，你就会面临被列入黑名单的风险。

二、学术研究的伦理

当我们进行学术研究时，必须遵循一定的伦理和规范。这些伦理和规范与研究过程中的每个环节都有密切的联系，包括选题、数据采集、数据分析和论文写作等方面。这些伦理和规范意味着我们必须遵循科学研究在各个方面的要求，特别是必须考虑研究的客观性、真实性和可复制性。

如今，有许多研究人员发表的结果往往是"阳性"的。所谓阳性结果，指的是你认为两个变量之间存在关联，并得出这两个变量确实存在关联的结论。但是，如果你发现这两个变量之间没有关联，可能这篇论文就无法发表。换句话说，阳性结果容易发表，阴性结果则很难发表。因此，很多作者在面临发表压力时，为了得到阳性结果而篡改数据，并报告符合预期的结果。

为了避免这种情况，一些期刊支持预登记（pre-registration）的做法。在开始研究之前，你需要将研究设计公之于众。如果最终你的研究无法得出预期结果，论文仍然可以发表。这样的做法让大家都更加自由和轻松，就避免了人们因为发表压力而篡改数据的情况。你可以提出一个大胆的设想或猜想，尽管没有成功验证，但是至少这项研究具有价值,你也可以发表它。

另外,还有开放科学(open science)的问题。公开你的研究材料和数据处理程序,使其他人都可以查看和复制你的数据和图表。这样一来,整个研究过程就是透明公开的,这有利于增强研究的可靠性。如果这项研究无法复制,别人再做一遍研究的结果不同,那么就会动摇人们对科学的信心。

研究伦理涉及研究、论文写作、投稿和发表的全过程,而每个环节的伦理要求也有所不同。此外,研究伦理还涉及许多与研究责任相关的问题,比如研究本身的价值问题。许多高校成立了伦理审查委员会(IRB),规范相关研究行为,保护参与研究的人员或研究对象的权益。特别是涉及人的社会科学研究,既要保障研究人员的自由,也要保护研究对象或参与者的权益。

当我们讨论研究伦理时,不同研究设计面临不同的伦理挑战。其中,实验研究面临最具争议、最严峻的伦理挑战,因为实验研究涉及干预、介入或操控,会对被试或研究对象产生影响。特别是在医学和心理学领域,实验研究往往会引起争议和重大影响。

比如,有一项著名实验叫"斯坦福监狱实验",是由斯坦福大学的研究人员进行的。实验人员将一群人分为两组,一组是狱警,另一组是犯人,并让他们扮演各自的角色。实验参与者真正进入了他们所扮演的角色的状态:狱警使用暴力对待犯人;而犯人感到自己无罪,怀疑自己为什么会受到虐待。尽管该实验揭示了心理学的相关理论,但是实验结果对参与者的心理产生了深刻影响,而他们

第十章 研究伦理与价值

受到的伤害是难以弥补的。

我们在进行研究前,需要评估研究是否会对参与者产生负面影响。为了保证实验的有效性,我们有时候必须欺骗实验对象。如果实验对象知道实验设计,那么实验就失去了意义。所以,实验就像魔术,在你完成实验后,你必须将实验原理和目的告诉实验对象,使他们能够理解自己被操纵甚至被愚弄的原因。

还有许多有争议的问题与实验有关。举例来说,如果在发达国家进行实验是不被允许的,那么我们可以在发展中国家开展实验吗?一些实验可能涉及分组问题,如何确定实验组和对照组?这些问题显示,在研究伦理方面仍然存在许多挑战。我们非常强调研究伦理,就是必须确保研究对象或参与者不受到伤害,最好是使他们能够从中获益。

除了实验研究之外,进行访谈和问卷调查也面临一些伦理挑战,其中最重要的问题是个人信息保护。在访谈和调查中,我们希望被访者能够真实地告诉我们关于他们生活、工作和其他方面的信息。然而,这可能涉及个人和家庭的隐私问题。因此,我们必须认真思考如何保护参与者的隐私。比如,我们需要考虑如何存储采集到的数据,确保仅有授权人员可以访问;在录音前,我们也要获得参与者的同意。

举例来说,有一篇北京大学的社会学博士学位论文,刻画了河南某县的官场生态。该研究做得非常出色,揭示了当地几大家族对官场势力的垄断情况。论文描写得非常透彻,让读者对人生百态和社会百态有了更深刻的理解。然而，由于没有处理好匿名问题，这篇广为流传的博士论文导致一些受访者遭受干扰甚至伤害。这些受访者是善良而诚实的，愿意向研究人员披露真实情况，但是研究人员没有很好地保护他们，从而使他们的生活和工作出现困扰。这样的研究就具有很强的争议性。

这一案例再次提醒我们，我们的研究可能会侵入或干扰他人的平静生活和正常工作。因此，即使不能为他们提供帮助和好处，也要尽量避免带来不必要的麻烦和干扰，更不能因为研究而对他们造成伤害。例如，我们在收集信息时，必须获得他人的知情同意。在录音前，我们要告知对方正在录音，明确说明录音资料仅用于研究目的；告知对方，除了我们之外，没有其他人能够查看这些资料。如果对方不同意录音，我们需要考虑如何以速记方式记录。如果不能取得他人的信任，没有人愿意敞开心扉与我们分享，就无法深入进行研究。因此，我们必须认真考虑如何处理这些问题，以避免研究伦理挑战。

三、学术研究的价值追求

从追求学术价值的角度来看，除了遵循基本的学术规范和研究伦理（这只是我们坚守的底线），还需要努力追求更高的标准。我们要立足底线，设立更高的目标，更好地发挥研究的效果。学术研

第十章　研究伦理与价值

究具有独特价值，我们需要考虑怎样提升研究的价值和影响力，使其不仅满足发表标准，还能引起他人关注和引用，甚至带动更多研究，形成学术研究氛围或研究流派。这样一来，我们的研究就能取得更好的效果。

社会科学研究尽管属于科学的范畴，但同时具有人文艺术成分。整个研究过程是从入门级到专家级的不断提升，我们需要思考如何始终不断地提升自己并迈向理想的高峰。我们常常发现，针对相同的现象，人们会提出不同的问题；针对同一个问题，人们会进行不同角度的研究；即便是同样的研究，人们得出的结论也会有所不同。研究是一种需要磨炼的技艺。这些现象背后反映的是人们的研究能力差异，而这些差异贯穿于研究的许多方面，例如选题的视角、理论的建构、研究设计的科学性和合理性、研究的执行力以及论文写作能力等。这些元素都与研究、研究方法、论文写作和发表密切相关，缺一皆会影响研究的完整性。从选题的视角来看，如果选题不妥，那么研究产生的价值也会大打折扣。因此，我们在研究的过程中需要深思熟虑，探寻如何创新和打破常规，解决我们需要面对并迫切需要解决的大问题。

我们应对现实生活怀有强烈的兴趣，保持对各种问题的好奇心。例如，我们可以阅读相关杂志和报纸，研究它们是如何报道相关问题的。记者经过深度挖掘会发现一些有趣的现象或值得关注的社会问题，这些发现可以启发你创建自己的研究课题。同样，你身边的故事，无论是出自与朋友的对话，还是出自与亲戚的交流，都会有某些有趣的现象值得深入探究。我们需要考虑如何将大主题具体化，将现实中的难题转化为小问题，以此作为研究选题。当然，这需要高超的问题转换能力和话语变迁能力。

面对同样的现象和事件，我们需要考虑如何转变表述方式，形成合适的研究问题。比如，学校校长可能关心如何提高学生的学业成绩；而你的研究应该探索的是学生成绩受哪些因素影响，其中哪些因素是校长可以改变的。在这个过程中，实际问题转化为了学术问题，并具体转化为一个明确和可操作的研究问题。我们特别强调"小切口、大问题"的研究方法：通过对小的、具体的现象进行研究，去理解和把握大的问题。这就像见微知著、一叶知秋一样，要通过细微的切入点和博大的想象力，去理解问题背后的深层次理论构造。因此，提升学术研究的价值在很大程度上与研究问题的选择密切相关，而这可能需要长期积累才能实现。与此同时，行动力和执行力同样关键。即使有了优秀的思考和很好的选题，但如果研究过程的实施程度不高，学术研究的价值也会大打折扣。

研究的复杂性会使单个研究者难以胜任，因此组建团队或与他人合作是一个明智的选择。例如，可以通过参加学术研讨会、加入学术社群来与志同道合的人建立联系，也可以寻求与专家、导师或其他人的合作，由此引申出的合作可能性是无穷无尽的。在研究过程中，我们需要认真考虑如何把握关键节点，设立以一个个小步骤为单位的小目标，并定期对研究进度进行评估和反思。这种实施方式有助于逐渐提升研究能力。

第十章 研究伦理与价值

此外，我们还需要考虑如何灵活应对各种情况。当遇到难以实施的研究时，我们需要根据具体情况调整研究计划。要学会利用所有可用的资源，无论是学校、社会的还是个人的，甚至是向朋友和家人寻求帮助，以获取数据和进行调研。懂得灵活运用和整合各类资源对于提升研究效果有重要作用。学术研究实际上不仅考验智商，还考验情商。有效利用周围的资源服务于研究，是一种非常关键的能力。

学术研究看似单一，实际上可以培养一个人的全面综合能力。通过完成一项研究的情况，可以评估观察能力、思考能力、写作能力、展示能力、沟通能力和执行能力等各个方面。与此同时，项目管理能力在开展研究的过程中也非常重要，可以确保我们实现预期目标。

学术研究不能空有抱负、眼高手低，要从复制、模仿和学习开始，循序渐进地推进创新。可以先看看做得好的研究是如何进行的，了解整个过程并把握每个环节，然后思考是否能够进行类似的研究，复制这些研究，直至将其发表出来。这样一来，之后的研究道路会更为顺利。现在是进行研究复制的一个好时机，原因是无论国内还是国际期刊，大多数是开放期刊。这意味着作者发表论文时，需要公开使用的数据、资料、分析程序和原始档案。这样，你将有机会复制论文中的每个结果、结论和图表，并进行深入研究。如果你无法复制成功，那么恭喜你，你可以撰写一篇文章与作者商榷。

复制研究是一个重要过程，也是我们提升研究价值的策略之一。通过复制研究，你会了解一篇文章的背景、来龙去脉等各个方面。从复制和模仿开始不断学习，你在进行自己的研究时就会取得成功并提升自己的能力。因此，研究方法学习一定要学以致用，动手实践，边做边学，摸着石头过河。

在进行学术研究时，我们的价值追求应该是使研究达到理想状态。需要经常强调的是，研究要有几个"有"。

第一是有意味，即言之有意。研究要具有意义和趣味，包括现实价值和理论意义。研究要让人们感兴趣并充满好奇心，这样的研究才是有意义的。

第二，研究必须建立在理论基础之上，要言之有理。科学研究要围绕理论探讨，既是理论研究又是实证研究。无论是哪种类型的研究，理论始终是核心，必须合乎逻辑和理性。理论指导研究的方向，决定研究哪些问题。因此，我们常常将研究分为三个层次：一流是理论研究，二流是方法研究，三流是实证研究。理论提供了方向，方法提供了工具，而实证研究通过方法的工具来实现理论的目标。

第三是方法层面，即言之有法。研究人员必须真正理解并熟练运用特定的研究方法，掌握研究设计和操作技巧，灵活运用这些方法解决具体问题。只有掌握了研究方法，才能进行良好的研究。因此，我们特别强调研究方法的重要性。

第四是言之有据。研究要有证据支持。我们强调决策必须基于证据或循证，追求最佳证据、最充分的证据，而科学研究最重要的

第十章 研究伦理与价值

贡献就是提供这些证据。证据必须经得起合理推敲,既能使自己信服,也能说服他人。研究人员必须以证据为依据,让证据自己说话,让证据能够清晰表达观点。只有这样,研究才会扎实可靠。

第五,一项研究需要有一定的故事性。这与写作能力和技艺密切相关。一项研究就像一道菜,炒好后摆在桌上,要色香味俱全,不能只顾好吃而忽略了外观,也不能只注重外观而忽略了口感。一项研究的故事性体现在是否具备讲故事的能力,是否能够生动叙述、完整阐释、自圆其说。

如果你的研究具备意义、趣味、理论基础、研究方法和证据支持,并且还有故事性,那么它无疑是一项非常优秀的研究,论文也将引人入胜。当然,我们都在追求这种理想状态,但可能一生都很难做出几项如此优秀的研究。不过,至少我们可以把它作为一个目标,并不断靠近它。特别值得推崇和关注的做法是,学习和模仿已经达到这个目标的研究,并在此基础上不断创新,这样就一定能够提高自身的研究技能并获益良多。

当然,读完这本书,大家未必就一定掌握了与研究方法有关的所有技能。本书只是提供了一个初步参考,旨在让大家对研究方法产生兴趣并基本了解整个研究过程,找准研究的切入点,选择合适的研究方法,构建感兴趣的理论模型并真正执行研究,最终写出一篇相对合格、令自己满意的论文。如果大家对具体的研究设计、方法和论文写作真的感兴趣,还可以进一步了解相关研究,学习、运用、真正掌握研究技能。这正是笔者期望达到的效果。

参考文献

Alvesson, M., Gabriel, Y., & Paulsen, R. (2017). *Return to Meaning: A Social Science with Something to Say*. Oxford University Press.

Baig, F. A., Han, X., Hasnain, Z., & Rogger, D. (2021). Introducing the Worldwide Bureaucracy Indicators: A New Global Dataset on Public Sector Employment and Compensation [https://doi.org/10.1111/puar.13355]. *Public Administration Review*, 81 (3), 564 – 571. https://doi.org/https://doi.org/10.1111/puar.13355.

Bian, Y. (1997). Bringing Strong Ties Back in: Indirect Ties, Network Bridges, and Job Searches in China. *American Sociological Review*, 62 (3), 366 – 385. http://www.jstor.org/stable/2657311.

Cohn, A., Maréchal, M. A., Tannenbaum, D., & Zünd, C. J. S. (2019). Civic honesty around the globe. *Science*, 365 (6448), 70 – 73.

参考文献

He, G., Fan, M., & Zhou, M. (2016). The effect of air pollution on mortality in China: Evidence from the 2008 Beijing Olympic Games. *Journal of Environmental Economics and Management*, 79, 18–39. https://doi.org/http://dx.doi.org/10.1016/j.jeem.2016.04.004.

Hofstede, G. (2001). *Culture's Consequences: Comparing Values, Behaviors, Institutions and Organizations Across Nations* (2nd ed.). Sage Publications.

Kirchherr, J. (2023). Bullshit in the Sustainability and Transitions Literature: A Provocation. *Circular Economy and Sustainability*, 3(1), 167–172. https://doi.org/10.1007/s43615-022-00175-9.

Lee, C., & Ma, L. (2020). The Role of Policy Labs in Policy Experiment and Knowledge Transfer: A Comparison across the UK, Denmark, and Singapore. *Journal of Comparative Policy Analysis: Research and Practice*, 22(4), 281–297. https://doi.org/10.1080/13876988.2019.1668657.

Li, Y., & Ma, L. (2019). What drives the governance of ridesharing? A fuzzy-set QCA of local regulations in China. *Policy Sciences*, 52(4), 601–624. https://doi.org/10.1007/s11077-019-09359-x.

Lu, Y., & Teo, M. (2022). Do Alpha Males Deliver Alpha? Facial Width-to-Height Ratio and Hedge Funds. *Journal of Financial* and *Quantitative Analysis*, 57 (5), 1727–1770. https://doi.org/10.1017/S0022109021000399.

Ma, L. (2016). Does Super-Department Reform ImprovePublic Service Performance in China? *Public Management Review*, 18 (3), 369–391. https://doi.org/10.1080/14719037.2014.984624.

Ma, L., & Liu, P. (2019). Missing links between regulatory resources and risk concerns: Evidence from the case of food safety in China. *Regulation & Governance*, 13 (1), 35–50. https://doi.org/doi:10.1111/rego.12160.

Mehlum, H., Moene, K., & Torvik, R. (2006). Institutions and the Resource Curse. *The Economic Journal*, 116 (508), 1–20. https://doi.org/doi:10.1111/j.1468-0297.2006.01045.x.

Monroe, B. L. (2017). The Five Vs of Big Data Political Science Introduction to the Virtual Issue on Big Data in Political Science Political Analysis. *Political Analysis*, 21 (V5), 1–9. https://doi.org/10.1017/S1047198700014315.

Pollitt, C. (2017). Public administration research since 1980: Slipping away from the real world? *International Journal of Public Sector Management*, 30 (6/7), 555–565. https://doi.org/doi:10.1108/IJPSM-04-2017-0113.

Wang, Z., Wei, L., Peng, S., Deng, L., & Niu, B. (2018). Child-trafficking networks of illegal adoption in China. *Nature*

Sustainability, 1 (5), 254 – 260. https：//doi. org/10. 1038/s41893 - 018 - 0065 - 5.

Weick, K. E. (1989). Theory Construction as Disciplined Imagination. *The Academy of Management Review*, 14 (4), 516 – 531. http：//www. jstor. org/stable/258556.

Whetten, D. A. (1989). What Constitutes a Theoretical Contribution? *The Academy of Management Review*, 14 (4), 490 – 495. http：//www. jstor. org/stable/258554.

Yang, Q. , Zhang, W. , Liu, S. , Gong, W. , Han, Y. , Lu, J. , Jiang, D. , Nie, J. , Lyu, X. , Liu, R. , Jiao, M. , Qu, C. , Zhang, M. , Sun, Y. , Zhou, X. , & Zhang, Q. (2023). Unraveling controversies over civic honesty measurement：An extended field replication in China. *Proceedings of the National Academy of Sciences*, 120 (29), e2213824120. https：//doi. org/10. 1073/pnas. 2213824120.

Zhang, L. , & Ma, L. (2021). Does open data boost journal impact：evidence from Chinese economics. *Scientometrics*, 126 (3393 – 3419). https：//doi. org/10. 1007/s11192 - 021 - 03897 - z.

Zhang, Y. (2019). Representative Bureaucracy, Gender Congruence and Student Performance in China. *International Public Management Journal*, 22 (2), 321 – 342. https：//doi. org/10. 1080/10967494. 2018. 1428702.

E. M. 罗杰斯.(2016).创新的扩散(唐兴通等,译;第5版).电子工业出版社.

奥卡沙.(2009).科学哲学(韩广忠,译).译林出版社.

查尔斯·C. 拉金.(2019).重新设计社会科学研究(杜运周等,译).机械工业出版社.

陈晓萍, & 斯廷斯马.(2023).有影响力的学问是怎么炼成的(贺伟 & 罗文豪等,译).清华大学出版社.

陈晓萍, & 沈伟(编).(2018).组织与管理研究的实证方法(第三版).北京大学出版社.

戴正, & 包国宪.(2023).QCA在中国公共管理研究中的应用:问题与改进.公共管理评论,5(2),188-212.

邓燕华.(2016).中国农村的环保抗争:以华镇事件为例.中国社会科学出版社.

格雷伯.(2022).毫无意义的工作(吕宇珺,译).中信出版社.

古多尔.(2011).世界一流大学:校长必须是科学家吗?(孙蕾 & 沈悦青,译).上海交通大学出版社.

过勇, & 宋伟.(2015).腐败测量.清华大学出版社.

韩志明, & 马亮.(2020).专栏导语.中国行政管理(5),91.

侯志阳, & 张翔.(2020).公共管理案例研究何以促进知识发展——基于《公共管理学报》创刊以来相关文献的分析.公共管理学报,17(1),143-151.

贾雷德·戴蒙德.(2017).为什么有的国家富裕,有的国家贫

参考文献

穷.中信出版社.

贾宁,韩立彬,& 彭冲.(2021).政府治理效率价值几何?——基于上海市城市治理微观数据的实证分析.公共管理评论,3(1),25-46.

贾旭东.(2012).中国城市基层政府公共服务职能的不完全外包及其动因——基于扎根理论的研究发现.管理学报,8(12),1762-1771.

克里斯坦森,詹姆斯·奥沃斯,& 凯伦·迪伦.(2018).你要如何衡量你的人生.北京联合出版公司.

李超平,王桢,胥彦,& 毛凯贤.(2020).管理研究量表手册(第2版).中国人民大学出版社.

李帆,马亮,& 李绍平.(2018).公共政策评估的循证进路——实验设计与因果推论.国家行政学院学报(5),132-138.

刘军强.(2020).写作是门手艺.广西师范大学出版社.

刘杨,& 马亮.(2022).内行领导还是外行领导:专家型领导对组织绩效的影响——中国城市新冠肺炎疫情防控的实证研究.公共管理评论,4(1),78-105.

刘元春.(2025).经济学研究要致广大而尽精微.光明日报.

陆方文,刘国恩,& 李辉文.(2017).子女性别与父母幸福感.经济研究(10),173-188.

罗胜强,& 姜嬿.(2018).管理学问卷调查研究方法.重庆大学出版社.

马亮.(2015a).公共服务创新的扩散：中国城市公共自行车计划的实证分析.公共行政评论，8（3），51-78.

马亮.(2015b).公共管理实验研究何以可能：一项方法学回顾.甘肃行政学院学报（4），13-23.

马亮.(2022a).网上办事不求人：政府数字化转型与社会关系重塑.电子政务（5），31-42.

马亮.(2022b).行政负担：研究综述与理论展望.甘肃行政学院学报（1），4-14.

马修·德斯蒙德.(2017).扫地出门：美国城市的贫穷与暴利（胡䜣谆 & 郑焕升，译）.广西师范大学出版社.

梅赐琪.(2025).从各事其主到各安其分：公共管理研究和日常实践"两张皮"问题及解决之道.公共管理学报，22（1），7-16.

蒙克，& 李朔严.(2019).公共管理研究中的案例方法：一个误区和两种传承.中国行政管理（9），89-94.

强舸.(2019).制度环境与治理需要如何塑造中国官场的酒文化——基于县域官员饮酒行为的实证研究.社会学研究（4），170-192.

乔舒亚·安格里斯特，& 约恩-斯特芬·皮施克.(2012).基本无害的计量经济学（郎金焕 & 李井奎，译）.上海人民出版社.

乔晓春.2017.中国社会科学离科学还有多远？.北京：北京大学出版社.

渠敬东.(2019).迈向社会全体的个案研究.社会，39（1），1-36.

参考文献

唐文，& 祖克.(2019).不同的音调:自闭症的故事.四川人民出版社.

唐文方.(2015).大数据与小数据:社会科学研究方法的探讨.中山大学学报(社会科学版)(6),141-146.

王焕,& 魏培晔.(2021).时间银行能否带来可持续志愿参与?——基于一项混合研究.中国行政管理(10),115-122.

吴建南.(2006).公共管理研究方法导论.科学出版社.

谢宇.(2018).走出中国社会学本土化讨论的误区.社会学研究(2),1-13.

徐淑英等.(2018).负责任的管理研究:哲学与实践.北京大学出版社.

颜昌武.(2019).刚性约束与自主性扩张——乡镇政府编外用工的一个解释性框架.中国行政管理(4),100-106.

郁林瀚,段锦云,& 朱月龙.(2019).建议者面部宽高比对决策者建议采纳的影响.心理科学,42(6),1410-1415.

约翰·W.克雷斯维尔,& 薇姬·L.查克.(2017).混合方法研究:设计与实施(游宇 & 陈福平,译).重庆大学出版社.

中室牧子,& 津川友介.(2019).原因与结果的经济学(程雨枫,译).民主与建设出版社.

周长辉.(2012).二手数据在管理研究中的使用.In 陈晓萍,徐淑英,& 樊景立(编),组织与管理研究的实证方法(第二版,211-235).北京大学出版社.

图书在版编目（CIP）数据

学术祛魅：实证研究十讲 / 马亮著. --北京：中国人民大学出版社，2025.7. -- ISBN 978-7-300-34045-6

Ⅰ.C3

中国国家版本馆 CIP 数据核字第 2025TV9701 号

学术祛魅

实证研究十讲

马　亮　著

Xueshu Qumei

出版发行	中国人民大学出版社			
社　　址	北京中关村大街 31 号		邮政编码	100080
电　　话	010 - 62511242（总编室）		010 - 62511770（质管部）	
	010 - 82501766（邮购部）		010 - 62514148（门市部）	
	010 - 62511173（发行公司）		010 - 62515275（盗版举报）	
网　　址	http://www.crup.com.cn			
经　　销	新华书店			
印　　刷	天津中印联印务有限公司			
开　　本	890 mm×1240 mm　1/32		版　次	2025 年 7 月第 1 版
印　　张	8 插页 1		印　次	2025 年 10 月第 4 次印刷
字　　数	162 000		定　价	58.00 元

版权所有　　侵权必究　　印装差错　　负责调换